JN445268

Understanding of Global Culture

세계문화의 이해

이종원·김남근·김미애·권용만·박경북·양태선·이경숙·오정아·윤영집 공저

SEROMI

C·O·N·T·E·N·T·S

1장

세계의 문화

1 세계 문화의 이해

문화(Culture)의 이해는 두 가지 측면에서 논의될 수 있다.

첫째는 문화의 다양성을 인정하는 것이며, 둘째는 그 문화의 정체성을 이해하는 것이다.

문화란 언어, 관념, 신앙, 관습, 규범, 제도, 기술, 예술 및 의례 등 매우 다양한 요소들을 포함하고 있으며, 그 사회 구성원에 의해 공유되는 지식, 신념, 행위의 총체라고 할 수 있다. 따라서 문화라는 개념은 다른 나라의 국민을 이해하는 데 가장 보편적이고 근본적인 개념이 된다.

또한 우리 사회가 정보화 되어 감으로써 인류가 접할 수 있는 문화의 범위는 아주 넓고 다양하게 전개되고 있다. 이는 한 지역 또는 한 국가의 문화가 다른 지역 또는 다른 국가로 전파되는 과정에서 나타나는 현상이기도 하며, 그 속도가 거의 동시성(同時性)으로 이루어지기 때문에 다양성의 폭은 매우 크다.

이러한 현상은 현대를 살아가고 있는 우리 인간에게 당혹감과 충격을 안겨 주기도 하고, 수용을 강요하거나 수용을 거부하게 만들기도 한다. 문제는 이런 문화의 홍수 속에서 어떤 방식으로 다른 문화를 이해하느냐 하는 것이다.

이러한 고민의 해결책으로 문화다양성과 문화정체성을 바탕으로 한 '문화 간 이해(Cross-Cultural Awareness)'라는 개념을 들 수 있으며, 그 접근방법은 다음의 여섯 가지 범주로 구성되어 있다.

① 각 나라 문화 및 가치의 다양성에 대한 이해, ② 문화의 상호 비교와 이를 통한 문화와 가치의 보편성에 대한 인식, ③ 타문화의 관점에서 자기문화 조망, ④ 문화 간 상호작용을 통한 세계문화의 개념 형성, ⑤ 타문화를 수용하는 태도, ⑥ 전통 및 자기 문화에 대한 태도

1) 문화 다양성

‘문화 다양성’ 영역은 이 세계에 자신들과 다른 다양한 문화와 가치관이 존재하고 있고, 이것들은 그들의 전통과 경험, 역사에 깊은 뿌리를 내리고 있다는 점이다. 예를 들어, 이슬람 국가의 여성들은 외출 시 반드시 ‘차도르(히잡)’라는 베일을 쓰고 다녀야 한다. 이 관습은 종교적인 전통에서 시작하여 지금도 지켜지고 있기 때문에 이러한 문화 종교적 배경을 깊이 이해한다면, 이슬람 국가를 방문하는 여성 관광객들에게도 차도르를 쓰기를 강요하는 문화를 좀 더 쉽게 이해할 수 있을 것이다. 또한, 우리가 가장 보편적인 사회체제라고 여기는 부계사회의 관습이 존재하지 않는 지역들도 있다. 중국 운남성의 루구호에 사는 모서인이나 베트남의 자오족은 아버지는 없고 어머니가 존재하는 모계사회를 이루고 있으며, 남자들보다 여자들이 주로 집밖에서의 노동을 담당한다. 특이하게 보이는 이들의 관습도 자신의 전통과 역사적인 뿌리에 기인하고 있으므로, 이것을 인정하고 존중하는 것이 문화다양성이다.

2) 문화 비교

‘문화 비교’는 여러 문화들을 상호 비교하면서 공통점과 차이점을 통해 세계문화를 이해하는 것이다. 예를 들면, 중동지역 국가인 이란의 새해는 다른 여러 나라에서 보편적으로 지내는 1월 1일이 아니라 봄의 시작인 3월 21일이라는 차이점이 있다. 이란 사람들도 이날 한국이나 중국에서 새해에 주는 세뱃돈의 개념인 돈을 코란에 넣어 아이들에게 준다는 사실은 문화의 보편성이 존재함을 의미한다.

3) 타문화 관점에서 자기문화 조망

‘타문화 관점에서 자기문화 조망’은 자기 문화를 올바르게 이해할 수 있도록 타인이나 타문화의 입장에서 자기문화를 조망하는 내용이다. 이 때 외국여행과 같은 타문화 체험은 자기 문화에 대해 깊이 있고 객관적인 이해가 가능하게 하는 방법 중의 하나이다.

4) 문화 간 상호작용과 세계문화 형성

'문화 간 상호작용과 세계문화 형성'은 세계 역사상 문화 간에는 지속적인 접촉, 교환, 상호의존 현상이 존재해 왔고, 이러한 상호관계에서 오늘날의 세계문화가 형성된다는 내용을 포괄한다. 특히, 모든 문화는 세계문화 형성에 기여한다. 예를 들면, 이탈리아 전통요리의 하나라고 생각되는 스파게티는 몇 백 년 전 마르코 폴로가 중국으로부터 가져온 국수가 세월이 흘러 이탈리아식 국수로 변형된 것이고, 이로 인해 오늘날 많은 세계인으로부터 사랑받는 국제적인 음식이 되었다. 또한 우리나라 사람들이 일상생활에 사용하는 '아수라장'과 '아귀'등의 단어는 불교용어로서 그 옛날 불교가 중국을 통해 우리나라로 들어오면서 한국어에 편입된 용어들이다. 우리말에 이러한 용어들이 상당수 존재한다는 사실 역시 문화 간 상호작용을 보여주는 예이다.

5) 타문화를 수용하는 자세로서 문화상대주의

'타문화를 수용하는 자세로서 문화상대주의'적인 관점은 문화에는 우열이 없으며, 모든 문화는 그 자체의 논리에 따라 그 문화의 맥락에서 이해되어야 한다는 것을 의미한다. 즉, 일반적으로 위생과 치안 등의 다양한 각도에서 후진국이라고 생각되는 아프리카 나라들의 문화도 가치가 있기 때문에 그 존재를 인정해야 하는 것이다.

이런 관점은 문화의 다양화라든가 타문화의 유입 및 습득을 반민족적이고 국가와 민족에 대한 의식의 결여에서 나오는 행위라고 보는 '자문화 중심주의'(문화적 국수주의)나 자신의 문화는 열등하고 무조건 선진국의 문화만 선호하는 '타문화중심주의'(문화적 사대주의)적인 관점들을 지양한다.

6) 전통 및 자기문화의 보전과 재발견

'전통 및 자기문화의 보전과 재발견'은 균형적인 문화의 이해를 위해서는 다른 문화에 대한 이해 못지않게 자기 문화에 대한 올바른 이해도 필수적임을 시사한다. 한국의 문화는 세계의 문화를 구성하는 요소 중 하나이며, 세계문화에 기여하는 한국문화가 되기 위해서는 국제사회 속의 한국음악, 문학, 건축, 사상 및 가치관의 입지나 위치를 정립하는 노력을 기울여야 한다.

세계화란 세계문화를 획일화하는 것이 아니라, 문화의 고유성 자체가 세계문화의 풍요롭고 열린 다양성을 통해 발전한다는 것을 뜻한다. 즉, 우리의 전통문화라고 해서 무조건 좋다거나 싫다는 생각을 지양하고, 우리의 전통과 문화를 보전하고 다른 문화와 비교하는 비교적인 관점에서 우리 문화를 재발견하는 것이 세계화의 길임을 의미한다.

특히, 한국의 역사적 관점에서 볼 때 북한은 우리의 문화를 비교할 지역으로의 의미를 갖는다. 진정한 국제 이해를 위해서는 그 동안 외국 문화보다 더 생소하다고 인식되었던 북한의 문화에 대한 이해도 포함시켜야 한다.

2 세계의 문화권

문화를 어느 한 과정에서 개념적 정의를 내리는 데는 무리가 있다. 하지만 문화권 구분에 있어 타일러(E.B. Tylor)의 '한 인간집단의 생활양식의 총체(Totality)'라고 한 정의가 가장 오래되고 포괄적으로 인용되고 있다.

전 지구상에 동일한 자연환경이나 인간의 행동양식이 나타나는 곳은 없다. 그러나 비슷한 자연환경 내에서 자연적 환경에서 적응하고 생활하는 동안 만들어진 문화적 동질성과 민족적 의식에 의해 동일지역상에 비슷한 문화적 성격을 띄는 공간이 존재하는데 이를 문화권이라 한다. 문화권은 동양문화권, 건조문화권, 아프리카문화권,

유럽문화권, 아메리카문화권, 오세아니아문화권 및 북극문화권 등 약 7개 문화권으로 분류할 수 있다. 같은 문화권은 언어와 종교 그리고 생활양식이 동일하게 나타나는 공간적 범위라 할 수 있다.

문화적 구분은 학자에 따라 다르지만 본서에서는 러셀과 니펜의 세계 문화권(Culture Worlds, 1951)의 구분 방법을 적용하여 다음과 같이 나누었다.

1) 동양 문화권

동양문화권은 유교적 생활양식과 대승불교, 한자, 쌀농사 및 가부장적 대가족제도를 중심으로 하는 중국문화권(한국, 중국, 일본 중심)과 힌두교를 바탕으로 카스트제도를 채택하고 있는 인도문화권으로 나눌 수 있다. 그 사이에 두 지역의 성격이 혼재하고 있는 동남아시아의 점이지대가 있다.

2) 건조 문화권

건조 문화권은 연강수량 500㎜ 이하 지역으로 크게 스텝기후(연강수량 250㎜~500㎜)인 반건조 단초초원지역과 사막기후지역(연강수량 250㎜ 이하)으로 구분된다. 지역적으로 중국지역의 고비사막에서 중앙아시아를 거쳐 북부아프리카에 이르는데 다시 외몽고·터키 문화권(라마교, 이슬람교, 유목생활)과 아랍·베르베르 문화권(이슬람교, 아랍어, 오아시스농업, 유목생활)의 2개 지역으로 구분된다.

이 지역은 고대에 동방(오리엔트)이라 불리던 곳으로 세계적 종교로 성장한 크리스트교, 이슬람교와 민족종교인 유대교, 배화교가 이곳에서 발생한 것은 인류문화와 역사의 다양성을 표현하는 또 하나의 지표라 할 수 있다.

3) 아프리카 문화권

아프리카 문화권은 북부아프리카, 남아프리카 일부 지역, 마다가스카르 섬을 제외한 사하라사막 이남지역이다. 니그로 인종으로 구성되어 있으며, 수단 니그로(기니만 연안에서부터 수단 지방 분포), 반투 니그로(콩고 강과 남부아프리카 지방 분포), 소 니그로(콩고분지의 피그미족, 칼라하리 사막 주변의 호텐토트족, 부시맨 등)로 구성되어 있는데 종족문제, 언어적 불일치 및 다양한 종교문제 등으로 아직은 부족국가 단계에 머물고 있는 실정이다.

4) 유럽 문화권

신교 지역인 북서 유럽의 튜톤 문화권과 구교 지역인 남부유럽 그리고 그 사이의 프랑스는 점이 지대로 구성되어 있다. 또한 그리스 정교이며 슬라브 문화권인 동부유럽과 폴란드와 구 유고슬라비아에 이르는 혼합지대가 존재한다.

5) 아메리카 문화권

유럽 문화권의 연속으로 보며 미국과 캐나다는 신교의 앵글로 아메리카로 구분하며, 멕시코 이남의 라틴아메리카는 구교이며 라틴문화권으로 구분한다.

6) 오세아니아 문화권

태평양과 동남아시아 제도, 인도양에 걸친 도서 문화권으로 말레이 인종이 중심이다.

7) 북극문화권

북극해의 연안에 있는 툰드라 지역으로 북미의 에스키모, 아시아 북쪽의 사모예드, 유럽 스칸디나비아 북쪽의 랩족이 대표적인 민족으로 순록 사육과 개썰매로 대표되는 문화지역이다.

- A : 유럽 문화권 – 남부 유럽, 북서유럽(프랑스는 점이 지대), 동부 유럽 문화 지역으로 구분 (폴란드와 구유고슬라비아에 이르는 혼합지대 존재)
- B : 북극문화권 – 북미, 아시아, 유럽의 한대 기후 지역
- C : 건조 문화권
  - C1 – 아랍 베르베르 문화 지역
  - C2 – 외몽고 · 터키 문화지역
- D : 아프리카 문화권
- E : 동양 문화권
  - E1 – 중국 문화 지역
  - E2 – 동남아시아 문화 지역(점이 지대)
  - E3 – 인도 문화 지역
- F : 오세아니아 문화권 – 오스트레일리아 문화지역과 태평양 문화지역으로 구분
- G : 아메리카 문화권
  - G1 – 앵글로 아메리카 문화지역
  - G2 – 라틴 아메리카 문화지역

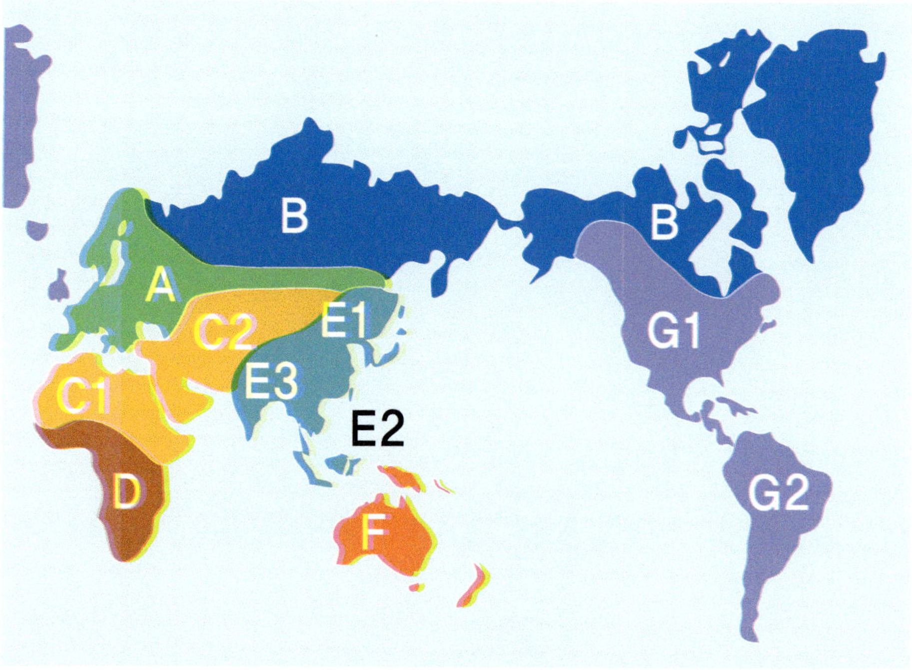

사례연구 이란, 여행객도 여성이면 반드시 '차도르'로 얼굴을 감싸야..

- 이란은 이슬람 율법 상 여성들의 신체 노출을 엄격히 규제하고 있다. 여성들은 외출 시마다 '차도르'를 둘러 얼굴과 손발을 제외한 신체를 노출해서는 안 된다. 차도르는 뜨거운 사막의 모래바람으로부터 신체를 보호해야 하는 기후적인 특성과 여성의 신체를 신성시하는 이슬람 종교의 이유로 가족 이외의 남자들에게는 얼굴과 살을 노출하는 것을 금기시한다.
- 차도르는 얼굴과 몸을 많이 덮을수록 신앙심이 깊은 여성으로 여겨진다. 차도르는 종류에 따라 머리만 살짝 가린 '루사리', 머리와 목까지 두르는 '마그너스', 망토처럼 어깨까지 내려오는 '히잡', 겨우 앞만 볼 수 있게 얼굴 전체를 가리고 발목까지 내려오는 '차도르' 등으로 나뉜다.
- 실제로, 이란의 젊은 여성 3명과 남성 3명이 유튜브에 춤과 노래를 부르는 영상을 올렸는데, 결국 종교 경찰에게 체포됐다. 공식죄명은 영상물 불법 유포이지만, 더 큰 문제는 여성이 히잡을 쓰지 않고 남자 옆에서 춤을 춘 것이었다. 이들은 집행유예와 더불어 각각 태형 91대씩이 선고됐다.
- 차도르는 단순히 이란 여성들에게만 해당되는 것이 아니다. 여성 여행객들은 공항에서 입국하자마자 예외 없이 '차도르(히잡)' 형식의 스카프를 둘러야 하는데, 미 착용 시에는 제지를 받는다.
- 2016년도에는 프랑스 국적 항공사 에어프랑스가 이란 테헤란 노선에 투입되는 여성 승무원들에게 히잡을 착용하라는 지침을 내려 승무원들이 회사의 요구에 항의한 사건이 있었다. 에어프랑스 경영진은 여성 승무원이 여객기에서 밖으로 나갈 때 바지와 느슨한 재킷, 히잡 착용을 권고하고, 이를 어길 경우 불이익을 받을 수 있다고 하였다.

(출처 : 오마이뉴스, 2015.09.21. '남 셋 여 셋 댄스 동영상, 결과는 태형 91대')

함께 생각해 봅시다

이란에서는 이란 국적이건 외국인이든 여성인 경우에는 얼굴과 손발을 제외한 신체의 노출을 피하기 위해 차도르를 반드시 착용해야 한다. 이는 이란의 종교인 이슬람의 율법에서 온 것이다. 만약 여러분이 이란을 업무차 방문해야 한다면, 차도르를 반드시 착용해야 하는 것이 맞는 것인가?

"그 나라에서는 그 나라의 문화를 존중해야 한다.

vs

부당하다고 생각되는 문화는 따르지 않아도 된다."

2장

미국 문화의 이해

미국(THE UNITED STATES OF AMERICA)

수도	워싱턴 D.C.(Washington, D.C.)	언어	영어
면적	9,826,675㎢	종교	기독교(47%), 카톨릭(20%), 유태교(2%)
위치	북아메리카 대륙	기후	지중해성 기후
인구	3억	화폐	달러(USD, $)
민족	백인(83%), 흑인(12%), 인디언과 동양계(5%)	1인당 GDP	65,110 $ (IMF 2019년 기준)

1 세계에서 가장 부유한 경제대국

▲ 미국 국기

미국의 정식 국명은 아메리카합중국(The United States of America)이며, 북아메리카대륙 중앙부를 차지하는 48개 주와 알래스카·하와이 2개 주 및 콜롬비아 특별구(수도 워싱턴)로 구성된 연방제공화국이다. 이외에도 해외의 준주와 자치령으로 푸에르토리코, 버진 제도, 태평양의 여러 섬 및 파나마 운하 지대 등이 있다.

1492년 콜럼버스가 신대륙을 발견한 이래, 유럽 강대국들의 식민지였던 미국은 1776년 7월 4일 '독립선언'을 발표하고 비로소 13개 식민지를 '주(州)'로 하는 미합중국을 탄생시켰다.

미국은 한마디로 표현하기 어려운 세계 경제, 군사, 금융의 중심지 이자 세계 최대의 강대국으로 우리와 밀접한 관계를 맺고 있는 나라이다. 광활한 대륙과 다종다양한 민족이 그들 나름대로의 문화를 안고 조화롭게 살아가는 미국. 우리나라와의 관계는 근대화이후 애증의 관계이며, 향후 동아시아의 지정학적 위치를 잘 활용하여 미국과의 관계정립이 필요한 상황에 있다.

처음에는 종교의 자유를 인정치 않았지만 건국 후 헌법으로 종교의 자유를 인정하게 되었다. 복수민족국가인 만큼 거의 모든 종류의 종교가 있으나 기독교가 압도적이다. 또한 다양한 인종이 살고 있어 세계 모든 나라의 음식을 맛볼 수 있다. 원하기만 한다면 웬만한 큰 도시에서는 서울에서 못지않게 한국의 전통 음식도 먹을 수 있는 곳이 미국이다.

미국의 통화 단위는 미국달러($)와 센트(₵)로 $1는 100₵이다. 통화는 경화(Coin)와 지폐(Bill)로 구분된다. 신용카드는 전국 어디서나 통용되고 여행자 수표(T/C, Travelers Check)가 가능하다.

미국은 4개의 시간대가 있으며, 동쪽으로 이동하면 시간이 빨라지고, 서쪽의 경우에는 느려진다. 우리나라 기준으로 동부(뉴욕)은 14시간, 중부(시카고)는 15시간, 중부(덴버)는 16시간, 서부(LA)는 17시간, 하와이는 19시간이 늦다.

일교차가 심하기 때문에 한여름일지라도 걸칠 수 있는 스웨터, 카디건을 준비하는 것이 좋다. 신발은 걷기에 편한 것으로 준비하고 숙소에서 신을 슬리퍼 등을 준비하면 편하다. 유스호스텔과 작은 호텔에는 세면도구가 없으므로 가지고 가는 것이 좋다.

남부지역은 타 지역에 비해 약간 보수적인 경향이 있어, 노출이 심한 옷은 사람들에게 거리감을 준다. 미국은 크고 넓은 나라이기 때문에 같은 나라 안에서도 여러 기후가 동시에 나타난다. 시카고 근처에서는 겨울이 되어 스키를 즐기고 있다면 남부의 마이애미에서는 해수욕을 즐길 정도로 다양한 기후가 나타난다.

미국처럼 넓은 나라에서, 몇 군데 상점을 돌아다니면서 쇼핑을 하려면 물건 사는 시간보다 차로 이동하는 시간이 더 많이 걸린다. 따라서 수백 개의 상점을 한 장소에 모아 놓은 것이 바로 몰(Mall)이다. 따라서 미국에서 물건을 사고 싶으면 일단 몰(Mall)로 가면 된다. 이러한 큰 스토어 이외에 간판만 보아도 저 상점에서 무엇을 파는 곳인가 금방 알 수 있는 유명한 체인점이 많다.

상점명	품명
Toys'r'Us(토이즈러스)	아기나 애들의 장난감이 다양한 곳
Kids'r'Us(키즈러스)	아동 의류를 판매
Radio Shack(라디오 쌕)	간단한 전자 제품이나 부품, 전기 공구 등을 판매
Service Merchandize	전자 제품을 비롯한 각종 잡화를 파는 무인점포
Circuit City	전자 제품 전문 업체
Office Max	사무용품 전문 매장
GNC	건강 보조 식품 전문 매장
Drug Store	각종 약품을 판매
Liquor Shop	술만 파는 상점
Auto Shop	자동차에 관련된 모든 부품이나 액세서리 등을 취급
귀국 선물센터	미국에 가면 주로 구입하는 다양한 물품 판매

2 대표도시

1) 뉴욕

800만의 인구가 살고 있고 세계 경제, 패션, 문화의 중심지이다.

2) 보스턴(Boston)

미국 건국 200년의 역사를 오래도록 간직하고 있는 문화의 중심지이다. 진보적 사상과 보수적인 생활, 활기찬 현대적 도시와 조용하고 차분한 고도가 공존하는 독특한 색깔의 도시이다.

▲ 조지 워싱턴 기념비

▲ 하버드 대학 역사 건물

3) 워싱턴 DC

미합중국의 수도이며 국제정치와 외교의 중심지이다.

▲ 리플렉팅 풀

4) 샌프란시스코(San Francisco)

미국에서 가장 아름다운 도시 샌프란시스코는 샌프란시스코 만 사이 경사진 언덕에 자리 잡은 비교적 작은 도시이지만 다채로웠던 과거의 흔적을 소중히 간직하며 유서 깊은 건물들을 가능한 훼손하지 않으면서 현대적 빌딩과 상점이 조화를 이루고 있다. 미국인들이 가장 사랑하는 도시이기도 하다.

▲ 금문교

5) 로스앤젤레스(Los Angeles)

로스앤젤레스는 미국 영화산업의 대명사, 할리우드와 꿈의 동산, 디즈니랜드로 명성이 높다. 우리나라와 미국을 오가는 관문으로서 50만 이상의 한국인들이 거주하고 있다.

▲ LA 시내 풍경

▲ 앤텔로프 캐년 라이트

6) 애리조나(Arizona)

피닉스(Phoenix, PHX)는 푸르른 산들과 과수원 농장들에 둘러싸인 산맥에 자리 잡고 있는 '태양의 계곡'(Valley of the Sun)이라 불리는 경제의 중심지이며 동시에 유명한 리조트 장소이다.

7) 플로리다 남부지역

플로리다 주의 면적은 151,939㎢으로 한반도 면적의 0.9배 정도이다. 주요 도시로는 세계적 휴양도시 마이애미(Miami)와 엔터테인먼트 왕국 올랜도(Orlando)가 있다.

▲ 마이애미 비치 해안선

▲ 올랜도 아이

8) 알래스카(Alaska)

알래스카는 152만 ㎢의 면적으로 1958년 미국의 49번째 주로 승격하였다. 원래는 러시아의 영토였으나 1867년 러시아와의 조약에 의해 720만 달러에 매입하였다.

▲ 알래스카

9) 하와이(Hawaii)

태평양의 동양과 서양이 만나는 북위 20도 선상에 위치한 하와이는 미국 본토에서 약 4,000km정도 떨어져 있다. 가장 큰 섬인 하와이 섬과 세계적으로 유명한 관광지인 호놀룰루와 와이키키가 있는 오아후섬, 마우이 섬을 포함한 24개(오아후, 마우이, 니하우, 카우아이, 몰로카이, 라나이, 카호올 라웨 및 하와이 등 8개 섬)의 섬으로 이루어져 있다. 1959년 미국의 50번째 주가 되었다.

▲ 오아후

▲ 나 팔리 코스트

3 매너 및 예절

레이디퍼스트(Lady First)가 생활화된 곳인 만큼 공공장소에서 여성을 배려하고, 엘리베이터에 여성이 타고 있으면 남성은 모자를 벗어야 한다. 또한 호텔, 엘리베이터, 거리에서 미국인을 마주치면 가볍게 인사를 나눈다. 차의 승하차 시에는 여성을 도와야 하고 여성이 짐을 들지 않도록 배려한다. 실수로 인하여 남에게 피해를 주거나 몸이 부딪치거나 했을 때는 반드시 사과하는 것이 예의이다. 그렇지 않으면 신고 되어 경범죄로 처벌받는다. 남부지역은 다소 보수적이라 노출을 자제하는 것이 좋다.

약속은 대개 1주일 전에 하는 것이 좋다. 시간관념이 철저하며 실용성을 강조하는 사회라 상대의 프라이버시를 중시하고 시간을 엄수하며 주말이나 휴가철의 약속은 삼간다. 악수는 상대의 눈을 정면으로 응시하며 굳게 손을 잡아야 하며 비즈니스 미팅 시에는 정장을 갖춰 입어야 한다. 상대의 명함을 얻고자 할 때는 정중히 요청한다. 지나친 조크는 비즈니스사회에서는 오히려 저급한 사람으로 취급 받기 쉽다. 직장에서 정해진 복장 규율 외에는 캐주얼 복장을 선호한다.

택시는 시내에서 손으로 세워 탈 수 있으며 호텔이나 레스토랑에서 불러달라고 했을 때는 직원에게 팁을 줘야 하고 기사에게는 요금의 10~15%선에서 팁을 지불해야 한다. 택시 운전자 옆자리는 운전자만의 공간이라 절대 앉지 말아야 한다. 운전 중 경찰에게 적발되어 정차한 경우 경찰의 요구가 있기 전까지는 손을 핸들에 놓고 면허증을 꺼내지 말아야 한다. 총기를 꺼내는 것으로 오해받아 피격될 수 있기 때문이다.

거리에서는 침, 껌 등을 함부로 뱉지 말아야 하며 반드시 공공질서를 지켜야 한다.

소수민족, 인종, 여성, 섹스, 수입, 종교 등을 화제로 삼지 않아야 한다. 초면 인사 직후라도 곧바로 이름을 불러주는 것을 좋아한다. 선물은 잘 하지 않는 편이나 받게 되면 받은 즉시 풀어 보는 것이 예의이다. 몸을 접촉하거나 포옹 등의 인사는 잘하지 않는다. 남자끼리 손을 잡거나 어깨동무를 하거나, 나이트클럽에서 남자끼리 춤을 추면 게이로 오해받을 수 있다.

손님을 집으로 초대해서 파티를 즐기는 문화이다. 레스토랑에서의 접대는 공식적인 경우에 한다. 음식 주문은 스프, 메인 코스, 디저트 등을 선택하고 샐러드의 드레싱, 감자 요리의 종류, 맥주, 버번위스키, 캐너디언 위스키 등은 원하는 내용과 브랜드를 지정해야 한다. 요리를 테이블에서 나눠 먹는 것은 무례한 행동이다. 고급 레스토랑 외에는 'Doggie bag'을 활용한다. 점심은 간단히 하고 저녁을 풍성하게 먹는다. 식사 도중 대화가 없이 식사만 하는 것은 결례이고, 식사를 할 때 팔이나 팔꿈치를 테이블 위에 올려놓는 것은 하지 말아야 한다. 식사 도중의 기침, 재채기, 트림은 결례이며 반드시 'Excuse me.'라고 하며 양해를 구한다. 헛기침도 마찬가지이다. 코를 푸는 것은 상관이 없으나 좋은 모습은 아니므로 자리를 옮겨 하는 것이 좋다.

여행객의 경우, 아침 식사는 주로 호텔 내 식당에서 먹어야 한다. 대부분의 일반적인 식당들은 11시나 되어야 문을 열기 때문이다. 샌디에고나 플로리다와 같은 해변 도시에 가면 맨발로 식당에 들어오지 못하도록 한 곳도 있다. 식당에 가면 문을 열고 들어가서 입구에 서서 웨이터(Waiter)가 올 때까지 기다려야 하며 일행이 몇 명인지 이야기하면 웨이터가 자리로 안내한다.

TIP 여행시 주의해야 할 작은 상식

- 여행자보험에 가입하고 여행하는 것이 좋다.
- 미국에서의 숙박은 행선지, 일정, 교통수단과 예산에 따라 다양하게 선택할 수 있는데 호텔과 값싼 모텔, 젊은이 대상의 YMCA, 유스호스텔, 가족적인 서비스의 B&B, 대학기숙사 등 다양하다.
- 밤에는 대도시의 도심지에 가지 말아야 하며, 특히 걸어 다니지 말아야 한다. 늦은 시간에는 지하철에 부랑자가 많고 치안 상태가 좋지 않다.
- 미국은 팁(Tip)이 일반 생활화되어 있으므로 서비스 받은 금액의 보통 10~15%를 지불해야 한다.
- 현금이 없으면 공항이나 쇼핑 몰(Shopping Mall)과 같은 공공장소에 설치되어 있는 ATM(Automated Teller Machine, 현금 자동 인출기)에서 신용 카드로 현금 서비스를 받을 수 있다.
- 버스는 지폐로 요금을 받지 않으며, 환승권을 받아야 다른 노선을 갈아탈 수 있다.
- 화장실 및 모든 공공장소에서 기다릴 때 한 줄로 서야 한다.
- 전압은 110V이며, 공중화장실은 많이 있고 청결하다.
- 라스베가스 쇼 공연장은 청바지, 핫팬츠, 샌들, 티셔츠 등에 대한 복장규제가 있다.

참고 : 아이비리그 명문대학

대학명	설명
브라운 (Brown)	1764년 영국 식민지 의회의 인가를 받아 침례교 계통 남자대학인 로드아일랜드 대학으로 워렌에서 개교하였다. 1770년 프로비던스로 이전하고, 1804년 거액을 기증한 니콜라스 브라운(Nicholas Brown)의 이름을 따서 브라운대학으로 학교명을 바꾸었다.
컬럼비아 (Columbia)	식민지 시대인 1754년 뉴욕지방 유지들이 영국왕 조지 2세의 인가를 받아 설립한 킹스칼리지로 출발하여 독립 후인 1784년에 컬럼비아 칼리지로 이름을 바꾸었다.
코넬 (Cornell)	1868년에 개교하여 7개 학부와 6개 전공대학 원으로 구성되어 있다. 특히 코넬의 호텔경영학과는 미국의 호텔왕인 스타 틀러가 기증한 스타틀러 호텔에서 이론과 실습을 병행하는 수업방식으로 유명한 세계 최고의 명문학과이다.
하버드 (Harvard)	1636년 설립되었으며, 1939년 도서와 유산을 기증한 J. 하버드 목사의 이름을 따서 하버드 대학이라 명명하였다. 영국의 옥스퍼드 대학교과 케임브리지 대학교의 학료(學寮) 제도를 모방한 조직으로 출발하여, 식민지시대에는 목사 양성에 필요한 종교교육을 의무화했다. 그러나 1869년부터 40년간 학장을 지낸 C.W. 엘리엇은 독일 유학의 경험을 살려 전문적 학문연구기관으로 개혁하고 선택과목제를 도입하였고 미국 대학 커리큘럼(교육과정)의 원형이 되었다.
다트머스 (Dartmouth)	1769년 미국 조합교회 목사 엘리어자 휠록(Eleazar Wheelock)이 세웠다. 식민지시대 고등교육기관으로서는 마지막이다. 학교명은 학교 설립을 후원한 2대 다트머스 백작의 이름에서 따왔다.
예일 (Yale)	701년 독립파(獨立派) 목사들이 세이브룩에 세운 칼리지어트 스쿨에서 비롯된 대학이다. 1787년 종합대학이 되었고, 1847년에는 미국 최초로 박사과정을 두고 학위를 수여하였다. 창립 이래 영국식 교육 형태를 유지하고 있다.
프린스턴 (Princeton)	1739년 필라델피아에서 장로교파를 중심으로 대학 설립운동이 일어나 1746년 엘리자베스에 뉴저지칼리지로 설립되었다. 순수학문을 장려하는 교육을 기본 이념으로 삼고, 자유로운 교육에 중점을 두고 있다.
펜실베이니아 (Pennsylvania)	1740년 일단의 필라델피아 시민들에 의하여 설립이 추진된 자선학교에서 비롯된 대학교이다. 10년 후 벤저민 프랭클린과 24명으로 구성된 이사 1755년 학교명이 공식적으로 필라델피아 대학으로 되었다.

사례 연구 미국의 헐리우드가 한국영화 '기생충'에 열광했던 결정적인 한 가지 이유

영화 기생충과 21세기 시대정신 : 불평등(inequality)

한국영화가 세계 영화사의 한 획을 긋는 새날을 맞았다. 세계 영화의 메카라 할 수 있는 미국의 헐리우드에서 열린 제92회 아카데미 시상식에서 봉준호 감독이 제작한 영화 '기생충'이 작품상, 감독상, 국제장편영화상, 각본상 등 무려 4개 부문에서 오스카상을 휩쓸었다. 세계인들에게 '기생충'의 오스카상 작품상을 비롯한 4개 부문 수상은 K-MOVIE의 쾌거이자 또 하나의 충격으로 받아들여지고 있다.

미국의 아카데미 시상식은 그 내용과 형식의 전반적 차원에서 과거 백인들의 이기적이고 자족적인 '그들만의 리그'라는 기존의 인식과 관념의 벽을 여지없이 허물어뜨렸다는 점에서 높게 평가된다.

그럼 오늘날 한국이나 미국을 포함한 전 세계에서 불평등이 확산되는 원인은 무엇일까? '기생충'은 우리 사회가 불평등의 확산을 막지 못할 경우, 어떤 파국적 종말을 맞게 될 것인가를 너무도 선명히 보여주고 있다. 이런 측면에서 '기생충'은 한국 사회를 들여다볼 수 있는 '시대의 창'이자 '미래 예감도'라 할 수 있다. 나는 영화 '기생충'을 보면서 우리 사회가 안고 있는 불평등 문제의 해결 없이는 민주주의라는 정치시스템과 자유시장주의라는 경제시스템이 동시에 위기에 처할지도 모른다는 깊은 우려감을 가졌다. 기생충을 본 미국의 헐리우드도 나와 똑같은 생각을 갖지 않았을까? 그래서 봉준호의 '기생충'에 그토록 열광했던 것은 아닐까?

(출처 : 쿠키뉴스, 미국의 헐리우드가 한국영화 '기생충'에 열광했던 결정적인 한 가지 이유
영화 기생충과 21세기 시대정신 : 불평등(inequality)
http://www.kukinews.com/news/article.html?no=748527)

함께 생각해 봅시다

생각하는 로봇 AI가 인간의 모든 영역, 심지어 감정의 범주를 넘나드는 시대에 외로운 인간 개인의 감정에 호소하는 문화, 예술 등의 아날로그적인 산업이 지배한다니 아이러니 할 수 밖에 없다!

"사람(소비자)의 마음을 얻는 것이 4차 산업의 핵심이다"

3장

캐나다 문화의 이해

SYRUP
WELCOME TO
CANADA
Ottawa
CANADA
mountains
PLAY
HOCKEY!

캐나다(CANADA)

수도	오타와(Ottawa)	언어	영어(62%), 불어(12%)
면적	997만 610㎢(한반도의 45배)	종교	카톨릭(46%), 프로테스탄트(36%), 기타(18%)
위치	북아메리카 대륙 북부	기후	중부내륙지방: 온대성 대륙성태평양 대서양 연안: 해양성 북극권: 한대성
인구	3,220만 7천명	화폐	캐나다 달러(CAD)
민족	영국계(28%), 프랑스계(23%), 독일계(3%), 기타(37%)	1인당 GDP	46,210 $ (IMF 2019년 기준)

1 자연자원이 풍부한 자원공급국

캐나다는 북아메리카대륙 북부에 있는 연방제 입헌군주국이다. 영국연방 가맹국의 하나로 10개 주와 2개의 준주로 이루어져 있으며, 세계에서 두 번째로 큰 면적을 차지하고 있는 아름다운 자연환경을 자랑하는 국가이다. 캐나다는 북아메리카 면적의 1/3을 차지하고 있는 것에 반해 인구는 우리나라의 1/2 밖에 되지 않는다. 또한 남쪽은 미국 본토 12개 주와 경계를 이루고 있으며, 미국과 러시아 사이에 위치하여 지정학적으로 중요한 역할을 한다.

▲ 앨버타 주 밴프 국립공원의 모레인 호수

또한 캐나다는 투명한 호수와 빙하로 둘러싸인 거대한 로키 산맥이 뿜어내는 매력은 누구나 한번쯤 이곳에 오고 싶다는 생각이 들게 하기에 충분하다. 고집스런 프랑스계와 명예를 존중하는 영국계와 자유로운 미국계 이렇게 삼색이 미묘한 조화를 이루며 발전하고 있다.

캐나다 사람들은 광대하고 쾌적한 국토에서 나는 산물과 지하자원을 바탕으로 여유 있는 삶을 향유하고 있다. 영국적인 전통과 미국의 합리성이 잘 조화되지만 여러 민족들이 각각의 풍습을 유지하며 살아가기 때문에 그들의 풍속을 이해하며 접근하는 것이 필요하다. 가끔 인종적인 차별도 있는 편이다. 한국의 중장년층들이 자녀의 교육, 자신의 편안한 노후 생활 또는 새로운 인생을 찾기 위한 이주로 가장 선호하는 지역 중의 하나이다.

2 다양한 민족의 어울림이 있는 문화 특성

▲ 바닷가재

종교는 로마 가톨릭과 영국의 개신교가 주종을 이루고 있다. 역사가 짧은 캐나다에는 전통적인 캐나다 요리라고 할 만 한 것은 없다. 하지만 이민이 많은 나라답게 지역마다 신선한 해산물, 농산물, 육류 등을 사용한 여러 나라의 요리를 먹을 수 있다. 대서양 연안의 뉴펀들랜드 섬과 프린스에드워드 섬에서 막 잡은 바닷가재, 대서양 연어, 홍합, 큰 가리비와 같은 해산물을 담백한 요리에서부터 감칠맛 나는 클램 차우더(Clam Chowder)까지 다양하게 맛볼 수 있다. 내륙의 대평원지대는 밀과 목축의 산지이다. 10달러만 내면 최상의 앨버타 소고기로 만든 바비큐나 스테이크가 믿을 수 없을 정도로 큼직하게 나온다.

대서양쪽 지방의 식사로 가장 중요한 음식의 하나는 생선이다. 바닷가재와 게는 자주 식탁에 오르고, 가격도 비교적 싼 편이다. 유제품이 다량으로 소비되며 과일과 야채가 재배되고 있으나 재배할 수 있는 기간은 비교적 짧다. 퀘벡요리는 프랑스풍이다. 콩 스프, 어린 양고기, 송아지 고기, 프랑스풍의 페스트리, 프랑스 빵, 키드니 파이, 까망베르와 같은 프랑스 치즈 등이 주종을 이룬다. 메이플 시럽(Maple Syrup)과 애플 사이다는 퀘백인들이 가장 좋아하는 것이다. 오타와와 토론토, 몬트리올의 겨울철에는 야채와 과일은 주로 미국에서 수입한 것이기 때문에 가격이 비싸지만 육류는 비교적 싸다.

화폐의 기본단위는 캐나다 달러(CAD, CN$)이고 1CN$는 100￠(센트)이다. 지폐는 5, 10, 20, 50, 100, 1000 CN$의 7개 종류이고, 동전은 1￠(페니), 5￠(니켈), 10￠(다임), 25￠(쿼터), 50￠, 1$(루니)와 1995년 9월부터 발

행된 2$(투니)까지 7개 종류이다.

캐나다 내에서만 6개의 표준시가 있으며, 우리나라보다 태평양 연안 표준시는 17시간, 산간지대표준시 16시간, 중부 표준시 15시간, 동부 표준시 14시간, 대서양 표준시 13시간, 뉴펀들랜드 표준시 12시간 반이다. 우리나라가 정오일 때, 캐나다 주요 도시 중 밴쿠버 오후 7시, 캘거리 오후 8시, 토론토 오후 10시 등이다.

겨울철 산악지방은 기온이 섭씨 −20℃ 이하로 내려가는 추운 날이 많다. 이때에는 두꺼운 오버코트, 모자, 장갑 등을 준비해야 한다. 7~8월에는 여름 옷차림이면 되지만 일교차가 심하므로 여름 옷차림 이외에 걸칠 겉옷이 필요하다. 이밖에 공식석상에 참석하거나 고급 레스토랑, 극장 등에서는 정장을 하는 것이 예의이다.

대부분의 쇼핑몰은 복합시설로 구성되어 있으며 가전제품이 우리나라보다 싸다. 인기 있는 쇼핑 품목은 메이플 시럽(Maple Syrup), 연어나 쇠고기 등 식품류, 인디언 코위찬 스웨터(Cowichan Sweater), 이누트 에스키모 수공예품, 암모나이트, 빨간 머리 앤 인형이나 소품 등이다.

▲ 메이플 시럽

3 대표도시

1) 밴쿠버

안전하고 기후가 좋으며 바다와 산을 갖춘 이상적인 도시이다.

▲ 밴쿠버 시티 센터

2) 빅토리아(Victoria)

1868년 영국 이주민에 의해 개척되었으며 마치 영국에 와 있는 듯한 착각이 들게 할 만큼 영국적인 분위기와 전통으로 가득 찬 곳이다.

▲ 빅토리아 시내 중심가에 있는 역사적인 의회 건물

▲ 빅토리아 하버

3) 밴프(Banff)

'동화 속에 나오는 도시'라고 말이 어울릴 정도로 자연과 잘 조화되는 도시 설계가 인상적인 도시이다.

▲ 밴프거리의 전망

4) 오타와(Ottawa)

캐나다의 수도로서 봄은 '튤립의 도시', 가을은 '단풍의 도시'로 불린다.

▲ 오타와 팔리아먼트 힐

5) 토론토

다양한 인종과 유학생 인구가 가장 많은 도시이다. 금융·상업 중심지이며, 미국의 주요 공업 중심지와 연결되어 국제 교역 중심지로 변모했다.

▲ CN 타워

▲ 토론토 시청 앤 나단 필립스 스퀘어

6) 나이아가라 폭포(Niagara Falls)

세계에서 가장 유명한 자연관광지 중 하나로 캐나다와 미국 북동부의 국경에 위치하고 있다. 캐나다 쪽의 폭포는 높이 54m, 폭 610m의 규모를 자랑하고 있다. 나이아가라 폭포 발생의 기원은 빙하기 이후 나이아가라 폭포 절벽의 하류 11㎞ 지점에 있었던 폭포가 연간 약 30㎝ 씩 침식해 현재의 모습으로 위용을 갖추게 되었다.

7) 몬트리올(Montreal)

캐나다 남동부 퀘벡 주에 있는 시로 캐나다에서 두 번째로 인구가 많은 도시이다. 1867년 캐나다 연방이 성립된 이후 캐나다의 경제적 요충지로 부상하였고 19세기 말부터 유럽 각국 이주민이 모여 혼합 문화를 이루고 있다.

▲ 성요셉 성당

8) 퀘벡시티(Quebec City)

퀘벡은 인디언의 말로 '강이 좁아지는 곳'이라는 의미를 갖고 있다. 주민의 95%가 불어를 사용하여 프랑스 전통이 강하다.

▼ 퀘벡 시의 프롱테낙 성

참고 : 캐나다의 유명한 축제

할로윈(Halloween) 

공식 휴일은 아니지만 10월 31일의 할로윈은 중요하고 재미있는 축일이다. 할로윈은 켈트의 이교도적 전통에 근거한 축제일로, 가장 파티가 열리는 날이다. 대도시에서는 동성애자들이 이 날을 중요한 행사로 생각하고 나이트클럽에서는 떠들썩한 가면무도회가 열린다.

캐나다 독립기념일 

7월 1일은 캐나다 독립기념일로 축하 행사가 그 절정이라 할 수 있는데 캐나다 전역에서 하늘이 불꽃으로 수놓아지곤 한다. 또한 캐나다는 주별로 공휴일이나 국가 공휴일에 축하행사가 있는 경우가 보통이고 특히 여름에는 불꽃놀이로 축하행사를 마무리 짓는 경우가 많다.

노동절(Labour Day) 

노동절은 중요한 공휴일인데 그 긴 주말이 비공식적으로는 여름의 끝처럼 받아들여지기 때문이다. 많은 가게, 관광지, 부대시설이 문을 닫기 시작하고 다른 분야에서는 업무시간에 변화가 생기기 시작한다. 추수감사절(미국 휴일과 똑같지만 조금 이르다)은 수확 축제이며 전통 음식으로는 구운 칠면조 등이 있다.

4 매너 및 예절

동서 지역 간의 대립의식이 강하므로 언어나 정치 이야기는 피하고, 상대의 가정에 대한 질문도 하지 않는 것이 바람직하다. 앞에서 보려고 다른 사람 앞에 서거나, 다른 사람 옆에 바짝 붙어 있는 것은 큰 결례이며 다른 사람과 60cm 이상의 거리를 두는 것이 좋다. 공식적인 자리, 고급 레스토랑, 극장에서는 정장차림을 하는 것이 예의이다. 낯선 사람의 몸에 손을 대거나 부딪치는 것은 예의에 어긋난다. 복잡한 차에서도 'Excuse me'라고 하면 다들 비켜준다. 에스컬레이터 좌측은 급한 사람을 위해 비워두어야 한다.

호텔뿐만 아니라 민박에서도 아침에 나설 때는 팁을 놓고 나오는 것이 예의이다. 팁 문화가 일반화되어 있다. 택시(10~15%), 레스토랑(15~20%)이 일반적이다. 관광지의 경우 15% 내외의 봉사료가 포함된 경우가 많은바 이중지불에 주의한다.

실내에서는 금연이며 버스정류장도 지붕, 유리벽이 있으면 금연해야 한다. 금연구역에서 흡연하다 적발되면 2천 캐나다 달러의 벌금이 부과된다. 호텔도 흡연가능 객실을 구분하여 운영한다. 캐나다를 비롯한 서구인들은 가정에서도 화장실을 사용한 후 화장실 문을 열어두므로 닫혀 있으면 사용 중이라는 표시로 인식하며 닫혀 있을 때 노크하면 실례가 된다. 공중 화장실은 'Washroom'으로 표현한다.

술에 대한 규제가 엄해서 슈퍼에서도 맥주 외에는 구입할 수 없으며 공공장소(공항, 역, 공원 등)에서도 음주는 금지한다. 과음이 용인되지 않는 사회이다. 차내에 뚜껑이 열린 술병이 있는 경우 처벌한다. 차나 비행기, 열차 등에 개봉된 술병을 가지고 타는 것은 금지되어 있다. 웅담은 법으로 판매 금지하며 매매하다 적발되면 처벌받는다.

여성에 대한 차별이 없다. 비즈니스 석상에서 여성의 성명을 표기할 때는 Ms로 표기하며 골프, 술자리 등의 행사에도 일단 초대해야 한다. 다양한 파티가 있으며 식사에 대한 언급이 없는 경우에는 간단한 칵테일파티로 생각하면 되고 B.Y.O.B (Bring Your Beverage)로 표시되어 있으면 각자 마실 술을 준비한다.

TIP 여행시 주의해야 할 작은 상식

- 캐나다에는 다양한 종류의 숙박시설이 있다. 고속도로를 따라 모텔이나 캠핑장이 잘 발달되어 있어 자동차를 렌트하여 여행할 경우 캠핑장을 이용하면 숙식비를 절감할 수 있다. 캠핑장이나 휴게소에는 식탁, 벤치 등과 수도, 샤워장, 취사 시설이 잘 갖추어져 있다.
- 치안은 양호하나 대도시의 경우 관광객을 대상으로 한 범죄가 발생한다.
- 도시에서는 버스와 지하철이 편리하며 버스는 1장의 티켓으로 제한시간 동안 여러번의 환승이 가능하다.
- 전압은 110V를 사용하니 어댑터가 필요하다.
- 영국의 영향으로 사람이 좌측통행이 아닌 우측통행을 한다.
- 건물 출입문은 소방법에 의거하여 안에서 밖으로 밀게(밖에서는 당기게) 되어 있다.
- 캐나다 달러를 1만 $이상 소지한 경우는 서면으로 신고해야 한다.
- 여행이 목적인 경우 6개월 무비자 체류가 가능하며 입국심사 때 한국어 통역을 요청할 수 있다.

사례연구 BTS, 빌보드 '소셜 50' 역대 최장기 1위

방탄소년단(BTS)이 미국 빌보드 '소셜 50' 차트에서 역대 최장기간 1위 기록을 이어갔다.

지난 11일(이하 현지시간) 빌보드가 발표한 최신 차트에 따르면 이들은 '소셜 50' 차트에서 1위에 올랐다. 통산 165번째이자 135주 연속 1위 기록이다. 이 차트는 음악 분석 회사인 '넥스트 빅 사운드'가 아티스트 SNS 계정 팔로워와 언급 빈도, 조회수를 종합해 순위를 내는 것으로 해당 아티스트 온라인 영향력을 보여준다.

지난주 방탄소년단은 캐나다 출신 팝스타 저스틴 비버(26)가 2011년 3월 이래 이 차트에서 지킨 기존 최다(163주) 기록을 갈아치웠다. 방탄소년단이 2018년 8월 발매한 앨범 '러브 유어셀프 결 앤서'(LOVE YOURSELF 結 Answer) 역시 빌보드 메인 앨범 차트 '빌보드 200' 안에 들었다.

지난주보다 19계단 하락한 176위를 기록하며 꾸준히 이름을 올리고 있다. 방탄소년단이 2018년 8월 발매한 앨범 '러브 유어셀프 결 앤서'(LOVE YOURSELF 結 Answer) 역시 빌보드 메인 앨범 차트 '빌보드 200' 안에 들었다. 지난주보다 19계단 하락한 176위를 기록하며 꾸준히 이름을 올리고 있다.

방탄소년단은 오는 21일 새 앨범 '맵 오브 더 솔: 7'(MAP OF THE SOUL : 7) 발매를 앞뒀다.

(출처 : 연합뉴스, BTS, 빌보드 '소셜 50' 역대 최장기 1위
https://www.idaegu.co.kr/news/articleView.html?idxno=301570)

함께 생각해 봅시다

음악의 힘이 언어의 장벽을 넘어 인종과 문화 심지어 이념을 넘어선다는 단순한 진리를 멋지게 BTS가 실천하고 있다.

"비디오시대에 오디오로서 언어의 장벽을 넘어서다"

4장

중국 문화의 이해

중국(CHINA)

수도	베이징(Beijing)	언어	중국어
면적	1만 6808만㎢	종교	도교, 불교, 그리스도교 3%, 이슬람교 1~2%
위치	아시아 동부 베이징기준 북위 39° 동경 116	기후	대륙성 기후
인구	14억 1,851만 명	화폐	위안(CNY)
민족	한족과 55개 소수민족 (16,643만명, 총인구의 8%) 으로 구성 조선족이 약 200만명으로 소수민족의 2%	1인당 GDP	10,100 $ (IMF 2019년 기준)

1 최대인구의 사회주의 국가

▲ 만리장성

정식명칭은 중화인민공화국(People's Republic of China)이다. 수도는 베이징(北京), 중국어를 공용어로 사용하고 있다. 면적은 957만 2,900 ㎢로 한반도의 44배, 남한의 100배에 이르는 세계 3위이며 인구는 14억 명이 넘는 세계 1위이다. 4개의 직할시(북경, 천진, 중경, 상해), 5개의 자치구(신장 위구르, 닝샤후이, 티베트, 광시 장족, 내몽고), 22개의 성(대만을 23번째 성으로 간주), 2개의 특별 자치구(홍콩, 마카오)로 구성되며 한족(91.2 %)과 55개의 소수민족이 거주하는데 조선족은 2.6%(12위)이다.

유럽 전체 면적과 맞먹는 세계 3위의 영토와 13억이 넘는 세계 최대의 인구를 가진 사회주의 국가이다. 근래 들어 개방 정책과 자본주의의 도입을 통해 세계가 주목하는 경제성장을 이루며 미래의 세계 최강국으로 등극할 것으로 예상되는 나라이며, 우리나라 역사와는 뗄 수 없는 관계를 지닌 나라이다. 세계 4대 문명의 발상지이며 단일 국가를 이루어 온 저력을 바탕으로 역사에 대한 자부심이 높다. 만만디(慢慢地)로 표현되는 느긋하고 대범한 성격으로 자존심이 강한 국민성을 갖고 있고 관계와 신용을 중시하며, 낯선 사람의 경우 믿지 않지만 지인의 소개를 받은 경우에는 호감을 보이며 적극적으로 돕는다.

중국 또는 중화라는 명칭은 약 3,000년 전 서주(西周)에서부터 사용되었으며, 여기에서 중(中)은 중심, 화(華)는 문화라는 뜻으로 결국 세계의 중심 또는 문화의 중심이라는 뜻이다. 중국인은 관계(關係)를 중요하게 생각하고 그 중에서도 신용을 중요시한다. 이로 인해 중국인은 쉽게 자기 속을 드러내지 않고 깊이 친해졌다는 생각이 들어서야 비로소 자신의 생각을 드러낸다. 따라서 중국인과 교류하기 위해 관계라는 말부터 이해해야 하는 데 많은 시간을 투자해야 한다.

중국은 그 넓은 대륙과 그 안에서 각기 독특한 자연환경과 역사에 의해 만들어 놓은 지역적 특성이 다양하므로 한마디로 그 지역성을 정리할 수는 없다. 하지만 전 세계로 퍼져 있는 화교들의 고향이며 그 거대한 자원과 인구로 인해 21세기 새로운 세계질서를 재편할 잠룡(潛龍)으로서 서서히 부각되고 있다. 이러한 국가의 각 지역에 대한 세밀한 연구로 떠오르는 용을 미리 대비해 보는 것이 좋을 듯하다. 비록 아직은 짝퉁과 세련되지 못한 매너로 전 세계 어디서나 시끄럽지만 오랜 역사에서 오는 전통과 저력은 무시하지 못한다.

특별히 알아야 할 내용

중화인민공화국(중국)& 중화민국(대만) 분류

중화인민공화국 (中华人民共和国) 간단하게 중국이라고 부른다. 중화인민공화국 (1949년 –): 국공 내전 중에 중국 공산당이 건국한 공화국이다.

결국 중화민국의 영토를 동중국해의 몇 가지 섬으로 축소 시켜 유리한 입지에 섰지만, 1950년 한국 전쟁에서 침략국으로 규정된 조선민주주의인민공화국을 지원하기 위해 개입한 사실 때문에 서방 세계의 주도로 국제적인 고립을 피할 수 없게 되었다.

그러나 점차적으로 국력이 성장하여 1971년에는 유엔에서 중화민국 대신 모든 의석과 지위를 차지하였고, 1972년 미국 닉슨 정부와의 핑퐁외교로 급물살을 탔다. 영국의 식민지였던 홍콩과 포르투갈의 식민지였던 마카오를 중화민국이 아닌 중화인민공화국에게 차례로 반환 되었다. 1992년에는 한국전쟁의 적성국이었던 대한민국과도 전격적으로 수교하였다.

중화민국(한국 한자: 中華民國, 영어: Republic of China)은 동아시아에 위치한 공화국이다. 본래 1912년 신해혁명 이후 청나라를 멸하고 중국 내륙에 세워진 공화국이었다.
다만 건국 초기에는 내분과 외침 등으로 불안하였고, 국공 내전으로 쫓겨나 현재는 타이완 등 몇 개의 도서 지역만을 통치하게 되었다. 따라서, 통상적으로 영토 중 가장 큰 섬의 이름인 타이완(타이완 화어 발음: [t┌ä┌┌┌ ┌än┌]) 또는 대만(한국 한자: 臺灣)이라고 불리기도 한다.
중화민국 (1912년 –): 신해혁명으로 건국된 공화국이다. 일본 제국은 중국만주와 타이완을 식민지 지배하며 흡수하였는데 일본 제국이 패망하고 중국만주와 난징, 상하이 등 중국 남부 지역 그리고 타이완은 독립하게 된다. 유엔 안전 보장 이사회의 상임이사국이 되었지만, 국공 내전으로 인하여 1949년 중화인민공화국이 수립되자 중국 대륙을 잃고 정부를 타이완으로 옮기게 되었다. 미국을 비롯한 서방진영의 지지를 받아 발전을 이룩했으나, 1971년 유엔 총회 결의 제2758호에 의해 중화인민공화국이 유엔에서 상임이사국 지위는 물론 모든 의석을 가져가게 된 사건을 계기로 세계적으로 고립될 처지에 놓이게 되었다.

2 황하 문명의 발상지인 대국의 문화 특성

중국의 역사는 4대문명의 발상지의 하나인 황하유역에서 시작되었다. 은(殷)나라가 실증적으로 확인되어 있는 최초의 왕조이다. 그 후 주가 멸망하고 춘추전국시대가 지속되었다. BC 221년 제나라가 진나라에 항복함으로써 진(秦)의 시황제가 최초의 통일국가를 이루었다. 후한(後漢) 말 황건적의 난을 계기로 삼국은 결국 위의 뒤를 이은 진(晉)나라에 의해 멸망된다. 이후 수나라, 당나라, 송나라, 원나라, 명나라를 거쳐 1644년 제4대 강희제 때 내란을 평정하고 중국을 완전히 통일하여 중국지배를 확인하였다. 신해혁명(辛亥革命)으로 인해 청나라 선통제(宣統帝)가 폐위되었고 1912년 공화제인 중화민국이 건설되었다. 이후 국민당과의 내전에서 승리를 거둔 공산당은 베이징(北京)을 수도로 정하고 혁명 정권을 수립하였으며 1949년 현재의 중화인민공화국을 탄생시켰다. 공산당 정부는 전반에 걸쳐 사회주의 개조 운동을 실시하였고, 1966년부터 문화대혁명을 추진하여 소련과 더불어 사회주의 체제를 구축하는 듯 하였으나 결국 등소평이 1980년대부터 개방경제를 도입하였으며 강력한 경제 국가 건설을 목표로 하고 있다.

기후는 대륙성 기후로서 겨울에는 한랭건조하고, 여름에 고온다우하다. 봄 · 가을은 기간이 짧으나 날씨와 식생(植生)경관이 다양하다. 1월 평균기온 -5℃ , 7월 평균기온 26℃, 연평균기온 11.9℃이고, 연강수량은 635㎜이다.

중국의 화폐는 1994년 이전에는 외국인이 이용하는 외환태환권과 중국인이 쓰는 인민폐로 나누어져 있었으나, 현재는 인민폐만 통용된다. 현재 통용되는 화폐는 100, 50, 10, 5, 1위안(元)과 5, 2, 1쟈오(角), 5, 2, 1펀(分) 등 12가지가 있으며, 동전은 1위안 5, 1

쟈오, 5, 2, 1펀 등이 있다. 1위안, 5, 1쟈오는 지폐와 동전이 혼용하고 있다. 1위안은 10쟈오, 1쟈오는 10펀이다. 환전은 중국에서 쓸 돈을 중국 돈으로 환전하고, 비상금은 미국달러나 달러 T/C(여행자수표)로 환전하는 것이 좋다.

시간은 한국 표준시(GMT+9) 보다 1시간 늦다(GMT+8). 서머타임은 실시하지 않는다.

1796년 청나라 건륭제 이전의 골동품은 외국으로 반출되지 않는다. 서화일 경우 특히 명품인 것은 중화민국 때 작품도 반출금지이다. 상점이나 전문점에서 파는 물건 중에는 반출이 되는 것에는 붉은 도장이 찍힌 라벨이 붙어 있다. 고가명품인 경우 출국할 때 세관심사에서 영수증 제출을 요구할 수 있으므로 반드시 영수증은 지참해야 한다. 중국은 한방약의 본고장으로, 우황청심환을 모르는 사람은 거의 없다. 한방약의 종류는 매우 많지만 일반적인 약재 외에는 구입할 때 전문의(중의) 처방을 받은 뒤 사는 것이 좋고 가짜가 많으므로, 동인당과 같은 전문 한약방에서 구입해야 한다. 봉왕정(蜂王精)은 자양강장제로, 우황청심환(牛黃淸心丸)은 고혈압에, 편자환(片仔丸)은 간염, 운남백약(雲南白藥)은 지혈이나 진통에 유명한 약재이다.

차(茶)는 중국에서 구입하는 대표적인 인기 상품이다. 발효차인 보이차, 반발효차인 우롱차(嗚龍茶)나 녹차인 항주의 용정차는 매우 유명하며, 구입할 때 차 전문점이나 본고장에서 사는 것이 좋다. 도자기는 징더전(景德鎭)자기나 베이징(北京)의 경태람(景泰藍)이라고 하는 칠보자기가 유명하다. 그리고 장쑤성(江蘇省)의 자사(紫砂)도 유명한 자기 중의 하나이다. 자수는 쑤저우(蘇州), 청두(成都), 창사(長沙) 및 산터우(汕頭) 등지에서 만든 것이 유명하며, 특히 쑤저우의 비단과 양면자수는 앞뒤 모두 그림이 되는 것이 신기해 많은 사람들이 즐겨 찾는다.

참고 : 중국의 세시풍속

중국의 세시풍속은 음력에 의하며, 매우 다양하다. 우리나라의 설날에 해당하는 춘절(春節)은 헤어진 가족들이 모두 모이는 날이며, 바로 전 날인 섣달그믐부터 음식을 먹으며 밤샘을 한다. 춘절 아침 차례를 지내고 궁시(恭禧)라는 축하인 사와 세배를 한다. 이후 거의 한 달 동안 계속되는 춘절기간 중에 사자춤과 용춤이 등장한다. 정월대보름날인 위안사오제(元宵節) 때는 보름달을 감상하고 등불놀이를 하며 만두국을 즐겨 먹는다. 단우제(端午節)에는 배를 타고 경주하는 룽촨(龍船) 경기를 하고, 쭝쯔(宗子)라는 별식을 먹는다.

중추제(中秋節) 때는 가족들이 모여 앉아 햇곡식으로 먹을 것을 장만하여 감사하는 달맞이 행사를 한다. 웨빙(月餅)은 이 시기에 먹는 것이며, 가까운 친척이나 친구를 방문할 때 웨빙을 선물한다.

3 대표도시

1) 북경(北京, 베이징)

도시 전체가 박물관이라 일컬어지는 중국 3천년 역사의 고도이며 중국의 수도이다. 중국의 정치, 행정, 문화의 중심지일 뿐만 아니라 오랜 역사를 통해 전해 내려온 만리장성을 비롯하여 고궁(자금성)과 이화원 등의 세계적으로 유명한 볼거리들이 무궁무진하다.

▲ 자금성 고대 궁성

2) 연변, 백두산지역

연변조선족자치주는 '중국 속의 작은 한국'으로 길림성 동부에 위치하고 있다. 러시아, 한반도와 국경을 접하고 있고, 연길(延吉), 도문(圖們), 돈화 (敦化), 화룡(和龍), 용정(龍井), 훈춘(琿春)의 6개시와 왕칭(汪淸)와 안도(安 圖) 2개 현으로 구성되어 있으며, 과거 조선의 영토였다. 총면적 43,547 ㎢, 인구 약 2,195,000명으로 11개 민족이 거주하고 있으나 전체의 40%가 조선족이다.

▲ 백두산

3) 집안

중국의 동북 공정에 의해 고구려의 역사를 자국의 소수부족 국가로 강등시키면서 잊어질 뻔한 우리의 고구려 유적지이다. 장군총, 광개토대왕비, 환도 산성 등 숨길 수 없는 수많은 고구려 유적이 보존되어 있는 곳이다.

4) 상해

상해는 1842년 남경조약으로 개항된 후, 국내외의 새로운 문물을 흡수해 온 국제적 상업도시이다. 빌딩은 매우 높고 기발한 형태이며, 젊은이들의 개성적 패션을 볼 수 있다. 중국 최대의 공업 도시이자 항구 도시이며, 북경, 천진과 함께 3대 직할시 중 하나이다. 또한 경제, 무역, 기술, 문화의 중심도시이며, 6,000년 역사를 지닌 역사 도시로 알려져 있다. 원래 양자강 하구 어촌에 불과했으나, 아편전쟁 후 영국에 의해 개항되어 국제 항구도시로 변모하게 되었다. 영국, 프랑스, 미국, 일본 등 서구열강에 의해 계속 조차지역으로 승계되었으나, 오늘날 중국의 문화와 교육의 중심지뿐만 아니라 과학, 무역, 산업 및 기술의 중심지가 되어 있다.

▲ 상하이의 스카이라인

▲ 예원

5) 항주(杭州, 항조우)

절강성(浙江省, 저장성)은 중국 동해변에 위치하고 있다. 절강성은 산이 많고 중앙에 전당강이 흘러서 볼거리를 형성하고 있으며, 따뜻한 기후와 많은 강수량으로 항주(杭州, 항조우)의 용정차를 비롯한 녹차의 재배지로 유명하다.

항주는 유구한 역사를 지닌 절강성의 성도(城都)로서 6대 고도의 하나이다. 13세기 무렵 이탈리아의 여행가 마르코 폴로가 이곳의 아름다움에 매료되어 항주를 세상에서 가장 아름다운 도시라고 칭송했다고 한다.

▲ 서호

▲ 항주

6) 소주(蘇州, 수조우)

소주는 '上有天堂 下有蘇杭(하늘에 천당이 있고, 땅에 소주와 항주가 있다)'라는 말이 있을 정도로, 항주와 함께 아름다운 자연경관으로 손꼽히는 곳이다. 양자강 삼각주 평원 위에 자리 잡고 있고 '동양의 베니스'라는 별칭을 갖고 있는 운하의 도시이다. 현재 정원 10여개소가 복원되어 외부에 개방되고 있으며, 실크공장과 발마사지가 유명하다.

7) 황산과 구화산

황산(黃山)과 구화산(九華山)은 중국 내륙의 안휘성에 있다. 황산은 중국에서 "천하의 명경(明景)은 황산에 모인다"라는 말이 있을 정도로 그 아름다움이 유명하다. 구화산은 오대산, 보타산, 아미산과 함께 중국의 4대 불교 성지 중 하나로 알려져 있다. 중국 안휘성이 차의 명산으로 유명하기 때문에 산지와 구릉에서 산꼭대기까지 계단을 형성하며 올라가는 다원(茶園)을 많이 볼 수 있다.

▲ 황산

8) 계림(桂林, 꾸이린)

계림은 중국의 유명한 관광 도시인 동시에 역사 도시이다. 이곳은 광서성(廣西省) 동북부에 위치해 있고, 기온이 온화한 아열대 기후에 속해 연평균 기온이 19℃ 정도이다. 계림이라는 명칭은 이곳이 과거부터 계수나무가 많은 지역으로 '계수나무 꽃이 흐드러지게 피는 곳'이라는 뜻이다. 이곳은 약 3억 년 전 바다였다가 지각운동으로 인해 바다에 쌓여 있던 석회암이 육지 위로 융기한 형태이다. 이후에 풍화와 침식작용을 거친 후에 지금과 같은 지형이 이루어졌다.

▲ 계림

9) 서안(西安, 시안)

▲ 시안 도시 성벽

시안 시는 옛 이름은 장안(長安, Cháng'ān), 경조라 하며 산시 성의 성도이다. 중국 지리의 중심으로서, 내륙에 위치하고 있다. 시안은 중국 6대 중심도시 중의 하나이며, 세계적으로 유명한 역사와 문화를 가진 이름난 도시이다. 시안은 중국 중서부지역의 중요한 과학연구, 고등교육, 국방 과학기술 공업과 고급 신기술 산업기지, 중국의 중요 우주비행, 항공공업센터, 기계제작센터와 방직공업의 중심이기도 하다. 시안은 비교적 튼튼한 공업기초를 가지고 있으며, 중국 중서부지역에서 과학기술 실력이 가장 뛰어나고, 공업부분에서 가장 완전함을 갖춘 대도시이다. 춘절이나, 노동절(5월 1일~7일), 추석(10월 1일~7일) 등은 장기 휴일이기 때문에 이 기간은 피하는 것이 좋다. 5월부터 9월까지 여행객이 가장 많지만, 시안을 방문하기에 가장 좋은 때는 가을이다. 시안의 시내와 외곽에는 넘칠 정도의 역사 유적이 있기 때문에 관광이 주요 수입원 중의 하나이며, 시안은 중국 내에서도 가장 인기 있는 여행 목적지 중의 하나이다. 특히 병마용의 존재는 진시황제의 강력했던 권력을 상징한다. 병마용갱은 진시황제의 장례에 사용된 테라코타(Terracotta)이다. 병마용갱은 1974년 한 농부에 의해 발견되어 발굴조사가 시작되었다.

병마용갱(兵馬俑坑)은 중국 산시 성 시안 시 린퉁 구에 있는 진시황릉에서 1km가량 떨어진 유적지로 흙을 구워 만든 수 많은 병사, 말 등 모형이 있는 갱도다. 1974년 농민이 우물을 파다가 우연히 발견해 지금까지 4개 갱도를 발견했다. 병용은 키가 184cm에서 197cm로 큰 편이며, 장군을 병사보다 크게 만들

▲ 테라코타 워리어

었다. 병마용은 전사, 전차, 말, 장교, 곡예사, 역사, 악사 등 다양한 사람과 사물을 표현하고 있다. 발굴한 4개 갱도 중 3곳에 모두 8천여 점의 병사와 130개의 전차, 520점의 말이 있다고 추정하며, 아직도 발굴하지 않은 상당수가 흙 속에 묻혀 있다.

10) 청도 (青岛, Qīngdǎo)

▲ 청도의 해변

역사적으로 산둥 반도의 항구는 북부에 집중했다. 그중 칭다오는 교오로 불렸고 어촌에 지나지 않았다. 청나라 말기인 1891년에 이곳이 군사시설이 건설되면서 발전이 시작되었다. 청일 전쟁 후, 삼국 간섭으로 중국을 삥뜯었던 독일은 1897년 칭다오 일대를 조차하면서 산둥 반도 일대를 세력하에 두었다. 독일은 칭다오를 극동의 근거지로 삼았고, 산둥 반도 일대를 독일의 세력 아래 두었다. 1898년 독일에 의해 개항된 이후 급속도의 성장을 이루었고, 그 영향으로 도시가 마치 작은 독일에 온 듯한 느낌을 갖게 한다. 이 이유 때문에 '중국 속의 유럽'이라는 애칭도 갖고 있다. 칭다오에 남아 있는 서양풍의 건물이나 칭다오 맥주는 당시 독일이 남기고 간 유산이다.

해변 휴양 도시인 칭다오에는 잔차오(栈桥), 사오칭다오(小青岛)와 "세계 건축 박람(万国建筑博览)"으로 유명한 팔대관(八大关) 관광 지구가 있다. 동부에는 스라오런(石老人)이라는 국가급 휴양지와 차츰 형성되고 있는 신도시가 있다. 이러한 자연, 인문 경관은 칭다오 여행에 무한한 매력을 더해 주고 있다. 라오 산(崂山)은 도교로 이름난 산이며 풍경의 변환이 무궁하다. 해발 1133m 정도 되며, 중국 해안선상에서 유일하게 해발 1000m 이상인 산봉우리로 '해상 제일의 산(海上名山第一)'이라는 칭호가 있다. 1982년, 국무원은 칭다오의 라오산 산을 국가 풍경 명승 구역으로 지정하였고, 1992년에는 스라오런 해수욕장을 국가급 휴양지로 준비하였다

4 매너 및 예절

중국 문화에서 백색은 장례식 색상이므로 사용하지 않는 것이 좋다. 짚신과 시계, 흰색인 황새와 두루미, 검은색, 파란색이 많이 들어간 것은 죽음을 의미한다. 이웃과 마주치면 "밥 먹었습니까"라는 인사를 꼭 하며 서로 교류를 한다. 你吃饭了吗? 접대를 위해 빚을 지는 경우가 있을 정도로 손님을 환대하는 관습이 있어서 식사 초대는 최고의 호의를 표시하는 것이다. 자신이 손님을 식당에 초대하는 경우에는 미리 좌석과 음식을 예약한다. 초대를 받은 경우에는 당사자만 가는 것이 좋다. 사전 양해 없이 다른 사람을 동반하는 것은 큰 실례가 된다. 가정에 초대받은 손님이 여럿일 경우에는 손님이 다 모일 때까지 응접실에서 기다린다. 이때 호박씨 등을 까먹거나 과일과 차를 마시기도 한다.

주인이나 초대한 사람이 음식을 먼저든 후 식사한다. 그 이유는 고대 황실에서 독살 사건이 빈번했던바, 주인이 손님을 안심시키기 위해 먼저 음식을 먹었던 데서 유래한 관습이다. 또한 식사 시간은 보통 1시간 이상걸린다. 사업을 하기전 서로 밥을 먹으며 친교를 나눈다

젓가락을 접시에 올려놓거나 회전 원반 끝에 걸쳐놓는 것은 에티켓에 어긋나는 행동이다. 주인에게 축배를 들 때는 앉은 채로 두 손으로 잔을 감싸 경의의 표시를 한

다. 주인이 음식을 덜어주는 것은 손님에 대한 호의의 표시이다. 요리를 떠주기 전에 손님이 먼저 먹는 것이 큰 실례가 될 수도 있는 만큼 분위기를 보아가며 처신하는 것이 좋다. 계산은 식탁에서 종업원에게 시키며 팁은 지불하지 않는 문화이다.

식사 중에 공용젓가락을 이용하여 음식을 덜어가는 것이 예의이다. 특히 젓가락으로 사람을 가리키는 것은 모욕하는 것으로 간주되는 무례한 행동이다. 중국에서 선물은 중요한 의미를 갖는다. 상대에 대한 존경이라고 생각한다. 가정에 초대받았을 때는 선물을 준비하는 것이 좋다. 받기 전에는 세 번 정도 거절을 하는 것이 예의라고 생각하므로 계속 받기를 권해야 한다. 사회주의 국가로 뇌물에 대해 엄격한 처벌을 한다. 뇌물로 오해할 수 있는 선물은 피한다.

담배를 사교의 수단으로 인식하여 상담 중에도 수시로 담배를 권하며 친밀감을 표시한다.

근래에는 금연 구역이 정해져 있는 경우가 많기 때문에 확인이 필요하다. 담배를 권하는데는 남녀노소가 평등하다. 중국에서는 술에 약한 사람도 함께 어울리는 것이 매너이다. 술자리에서 비즈니스 얘기보다는 개인의 인간관계를 쌓는 시간으로 활용하는 것이 좋다. 근래에는 술을 억지로 권하지 않아 술을 마시지 못할 때는 차로 대신한다. 술을 마실 때 보통 건배를 한다. 건배를 할 때는 일어서서 오른 손으로 하며 웃어른의 잔보다 아래에 부딪친다. 중국의 술 문화는 일본과 같은 첨잔 문화이며 대개의 경우는 식사와 함께 끝난다.

옷차림은 신분이나 부자임을 알 수 없을 정도로 검소하다. 약속을 취소하거나 늦는 경우에는 모욕으로 간주하므로 시간을 엄수하는 것이 중요하다. 비상구를 태평문(太平門), 자동차를 기차(汽車), 기차를 화차(火車)라고 하며 글자도 약자가 많다. 사업하는 사람 사이에는 개인적 우정과 신용을 매우 중요하게 생각한다. 중국에서 꽌시 문화는 여기에서 비롯되었다. 중국은 사회주의 국가로써 매매춘은 불법인데다가

룸살롱은 보통 조직 폭력배나 부패 관료와 관련되어 있는 단속 대상이다. 공공장소에서 박수를 받게 되는 경우에는 같이 박수를 치는 것이 답례법이다.

TIP 여행시 주의해야 할 작은 상식

- 숙박시설은 주점, 빈관, 초대소 등으로 나뉘는데 주점은 호텔, 빈관은 모텔, 초대소는 여인숙과 비슷하다. 외국인은 호텔(주점)에 숙박하는 것을 권장하고 안전상의 이유로 대소는 숙박을 허용하지 않는다.
- 숙박시설 이용시에는 꼭 여권 및 보증금(야진, Yajin)이 필요하므로 반드시 챙겨가야 한다. (호텔 집기 파손시 보증금에서 공제할 수 있으니 유의하자)
- 중국입국시에는 반드시 비자가 필요하며(무비자 지역: 홍콩,마카오, 대만 제외)통상 5일 정도가 소요되는데 급행인 경우 하루에 가능하고 금액이 비싸진다.
- 정책에 위배되는 인쇄물, 비디오테이프(황색잡지 등)사진의 반입은 통제된다. (종교관련 자료는 반입을 금지)
- 군사시설과 문화재 시설은 촬영금지 구역이 비교적 많으며, 통제인원이 항상 주시하기에 가급적 불법촬영을 하지 않도록 한다. 거리에서의 인물 촬영에는 상대의 동의가 필요하고 관광객도 금지 구역에서 촬영하면 카메라를 압수당할 수 있다.
- 건륭제 이전의 골동품은 반출 금지 품목이다.
- 거리에서 마른 해산물을 맛보라거나 냄새를 맡으라는 권유는 피한다. 마취제인 경우가 있다. (저가 제품은 구입하지 말자)
- 중국 돈의 1%는 가짜라고 할 만큼 위조지폐가 많다. 거스름돈을 받을 때 주의한다.
- 늦은 시간에 택시를 혼자 타지 않도록 한다. 주차정체가 심한 지역이 많기에, 지하철과 버스를 주로 이용하는 것이 안전하다.
- 중국 남성의 '산책하자'는 얘기는 데이트를 신청하는 것이므로 주의해야 한다.
- 기차표는 신분증(여권)을 소지 후 현장구매하거나, 혹은 인터넷으로 구입할 수 있고, 출발 1시간 30분전에 기차역으로 가서 본인의 신분증 제시와 표를 보여주며,

소지품 검열 및 표 검사를 마쳐야 한다

- 기차 여행시 본인의 신분증(여권)을 잘 간수해야하며, 낯선이와 대화를 하거나, 음식을 나눠 먹는 것은 피하는 것이 좋다.
- 전압은 220V, 50Hz 플러그를 꼽는 콘센트 형태에 유의해야 하며, 플러그가 맞지 않는 경우 호텔 프론트에서 보증금(야진, Yajin)을 내고 대여할 수 있다. 플러그방식이 우리나라와 다른 것이 많아서 어댑터를 구입해야 한다.
- 유명관광지에서 파는 약재(값이 비싸도 품질보증 불가)나 관광품은 가짜나 불량품 그리고 공정가격이 많기에 사지 않도록 한다.
- 여행을 할 때 물갈이를 할 수 있으니 꼭 생수를 사서 마시도록 한다. 중국물은 석회질이 많기에 설사나 복통을 유발할 수 있어 생수를 꼭 사서 마시도록 권장한다. 비상약으로 설사약 및 소화제는 반드시 필요하다. 모기물릴 때 바르는 약은 필수이다.
- 중국은 여자와 관련된 위법 행위에 대해 매우 엄격하므로 주의해야 한다(매춘으로 적발 시 여권에 호색한으로 찍히고 추방된다).
- 전통풍물시장이나 야시장을 방문할 때 소매치기를 만날 수 있으니, 반드시 소지품 주의(특히 핸드폰, 지갑)를 하며 스스로 잘 간수하도록 한다.
- 박물관 및 관광지에서 한국어로 큰소리로 떠들거나 낙서 및 함부로 쓰레기 버리기 등 예의에 어긋나는 행동을 하지 않도록 한다. (대도시에 벌금 제도 실시, 외국인에게 결코 관대하지 않다.)

사례연구 도원결의와 '꽌시' 문화 더보기

1) 도원결의의 향기

공맹(孔孟)이 말하는 도덕의 원리는 가족관계를 근거로 발전한 것이다. 그들은 항상 '자기와 친한 자를 친하게 대하고, 현명한 자를 현명하게 대하는 것'이 인륜이라고 생각했으며, 이 도리는 사람이면 누구나 가지고 있는 인정(人情)이라고 생각하였다. 남에 대한 존중과 자신과 가까운 사람에 대한 우선적인 배려는 유가(儒家)의 도덕 기준이 이른바 '친소(親疎)'의 잣대에 의해서 결정된다는 것을 잘 보여주고 있다.

중국인들이 말하는 이 친소의 원리는 혈연과 지연 요소와 융합되면서 이른바 '의형제'의 수준으로도 발전하게 되었는데, 그 원형이 된 것이 나관중의 『삼국지연의』에 나오는 '도원결의'의 전통이다. '도원결의'의 고사는 중국인들이 말하는 '의형제'의 의리와 사랑이 얼마나 진하고 감동적인 것인가를 매우 사실적으로 묘사하고 있다. "비록 우리가 동년 동월 동일 동시에 태어나지는 못했지만, 죽을 때는 동년 동월 동일 동시에 죽기를 바란다"는 굳은 맹세는 시대를 초월하여 중국인들의 가슴속에 영원히 각인되어 있다.

2) '꽌시'와 비합리성

'친소'의 원리와 '의형제'의 전통은 중국사회를 움직이는 실제적인 시스템이자 동력이 되었다. 중국인들은 이러한 시스템을 넓은 의미에서 '꽌시'라고 부른다. '꽌시'의 중요성이나 친밀성을 표현하는 말들은 꽤나 자주 입에 오르내린다. 중국인들이 즐겨 사용하는 '쯔지런[自己人]'은 이 사람은 나의 사람이니 무슨 일이 있어도 잘 돌봐야 한다는 뜻이고, '거멀[哥們兒]'은 우리가 의형제를 맺은 사이이니 서로 돕고 잘 지내자는 뜻을 함축하고 있다. 또한 '가오꽌시[搞關係]'라는 말을 쓰곤 하는데, 이 말은 상대방과 아직 가까운 사이가 아니므로 하루 빨리 '꽌시'를 맺어 사업을 도모하자는 뜻이다.

중국인들에게 있어서 '꽌시'는 단순히 개인과 개인의 관계를 규정짓는 것이 아니라 국가의 경영이나 경제 시스템의 기저를 이루는 엄연한 실체이다. 현재 중국의 중앙 정부는 상하이의 인맥을 바탕으로, 전문 인력은 칭화대학[淸華大學] 인맥을 중심으로 포진되어 있다. 중국인들은 정권을 잡은 집단과 새로 등장한 집단의 변화에 따라 지역 및 학연의 후광 부침(浮沈) 현상을 경험하여 왔다. 이처럼 인맥에 의해서 움직이는 시스템은 필연적으로 부패를 양산할 수밖에 없었다.

중화인민공화국 정부는 수천 년간 중국인의 발목을 잡았던 관료주의와 부정부패를 없애려고 노력하였으나 '꽌시'에 의해 움직이는 사회의 기저를 바꾸지는 못했다. 중국과 중국인을 이해하려면 '꽌시'문화가 지니고 있는 아름다움과 추함을 동시에 파악할 수 있어야 한다. 21세기에 들어선 오늘의 중국은 세계 제일대국의 꿈을 향해 앞으로 질주하고 있다. 그러나 그들이 고대로부터 이어져 내려온 '도원결의'의 아름다운 전통을 지켜가면서도, 어떻게 부정부패의 요소를 없애고 서구적인 합리성을 뿌리내릴 수 있는가의 문제는 여전히 숙제로 남는다.

(참조 : 도원결의의 향기 (중국의 문화코드, 2004. 2. 10., 강진석)재 정리)

함께 생각해 봅시다

왜 중국은 백두산을 장백산이라고 부를까요? 우리민족의 영산인 백두산은 언제부터 어떻게 중국과 북한의 국경지역에서 반으로 나뉘어져서 관리하고 있나요?

백두산은 정말 폭발할까요? 최근 개봉한 영화 "백두산"영화는 신빙성이 있을까요?

5장

일본 문화의 이해

일본(JAPAN)

수도	도쿄(Tokyo)	언어	일본어
면적	377,975만㎢	종교	신도(Shintoism), 불교(Buddism), 기독교(Christianity)
위치	동아시아, 한반도의 동쪽	기후	온대 계절풍 기후
인구	약 1억 2,602만명 (2020년 1월1일 기준)	화폐	엔화(￥)
민족	일본인	1인당 GDP	40,850 $ (IMF 2019년 기준)

1 고도산업사회로 성장한 섬나라

▲ 후지산

일본은 아시아 대륙의 동쪽에 연장 3,000km에 걸쳐 초승달 모양으로 위치하고 있는 섬나라로 혼슈(本州), 시코쿠(四國), 규슈(九州) 및 홋카이도(北海道)등 4개의 큰 섬과 이들 주변에 산재한 4,000여 개의 중소 섬으로 구성되어 있으며 이를 총칭하여 일본열도라 부른다.

일본열도는 태평양과 동해 등의 바다로 둘러 쌓여있고 대륙과는 대륙붕으로 접하고 있으며, 태평양쪽에는 상당히 깊은 일본 해구나 이즈오가사와라 해구가 있다. 특히 지형적으로 태평양판과 유라시아 대륙판이 부딪히는 경계면에 위치하고 있는 환태평양 지진대상에 놓여 있어 수시로 지진이 발생하는 지진다발 지역이고 화산활동이 활발하다. 수개의 화산맥이 남북으로 달리고 있기 때문에 지형 변화가 상당히 다양하여 강은 짧고 급류가 많고 산골짜기는 깊은 협곡을 형성하고 있으며 해안선은 복잡하고 전국 각지에는 온천이 분포해 있다.

일본은 지리적으로 우리나라와 가까울 뿐만 아니라 역사, 정치, 경제, 사회적으로도 밀접한 관계를 가지고 있으며 국가적 전략에 따라 때로는 갈등과 전략적 제휴를 맺고 있는 양면성이 있는 나라이다. 또한 동서양의 문화가 융합되어 하나의 독특한 문화를 이룬 나라 일본은 현대적이면서도 고도화된 사회 속에서 간간이 찾을 수 있는 옛 모습의 풍치를 한껏 느낄 수 있는 독특한 지역성을 지니고 있는 나라이기도 하다.

2 동서양의 문화가 혼합된 독특한 문화 특성

일본인의 기원은 약 10만 년 전 원시 인류가 동부시베리아에서 사할린 섬과 일본 북부지방으로 건너온 것에서 시작되었다고 추정하고 있다. 일본 토착민 아이누족은 새로운 이주자들의 팽창과 군사적인 침략 때문에 북쪽 홋카이도로 내몰리고 몽고인종으로 대체되었다. 고대시대이후 중세시대인 나라(奈良), 헤이안(平安), 가마쿠라(謙倉), 무로마치(室町), 모모야마(桃山), 에도(江戸) 시대를 거쳐, 변화와 시험의 메이지(明治) 시대는 기존의 봉건제도를 철폐하고 제국주의 시대를 주도하게 된다. 태평양전쟁 패망 후 일본사회는 많은 발전과 변화를 겪게 되며, 쇼와(昭和) 시대에 이어 1989년부터 헤이세이(平成) 시대를 맞이하고 있다. 일본은 상징적 존재인 천황을 중심으로 하고 있으나, 실제의 실권을 잡고 있는 수상을 중심으로 하는 의원 내각제를 채택하고 있다. 천황은 상징적 원수로 일본 헌법에는 일본국 및 일본국민의 통합의 상징으로 규정되어있다. 세계2차대전 전후의 일본 사회는 많은 외세의 간섭을 받게 되며, 특히 미국의 직간접 통치에 이르게 되나, 미소의 냉전체제를 계기로 재도약 기틀을 마련한 쇼와시대를 거쳐 일본사회는 많은 발전과 변화를 겪게 된다. 헤이세이 시대에도 현대 국제 사회에 적지 않은 영향력을 발휘하고 있다.

일본은 중위도의 온대에 위치하고 있으며 국토가 북에서 남으로 3,000㎞에 거쳐 있고 복잡한 지형과 해류의 영향에 따라 사계절이 분명하며 기온의 지역 차가 크다. 아한대 지역인 북부지역 홋카이도의 일부와 남부 지역 아마미오시마 이남의 도서와 오키나와를 제외하고는 대체로 온대 계절풍 기후에 속한다.

6월 초순부터 7월 중순에 걸쳐 고온다습한 장마가 있으며 8월 중순부터 10월에 걸쳐 남서부 지방은 태풍의 영향을 자주 받는다. 여름에는 동남풍이 태평양으로부터 불어오고 겨울에는 북서풍이 아시아 대륙에서 불어온다. 여름은 습기가 많아 우리나라보다 훨씬 무더워 냉방기 없이는 견디기 힘들며 이러한 기후조건으로 일본인들은 목욕을 자주하고, 다다미방에서 거주하며, 찬 소바 음식이 발달하게 되었다. 특히 계절풍이 산맥과 같은 지형조건과 더불어 일본기후를 특징짓는 주요 요인이다.

일본과 우리나라는 시간대가 동일하므로 시차가 없다. 서머타임은 실시하지 않는다. 봄에는 3월말에서 4월초에 걸쳐 벚꽃이 만발하면서 봄의 절정을 이룬다. 봄과 가을복장은 얇은 스웨터 정도를 준비하면 좋다. 여름은 우리나라보다 훨씬 무덥고 겨울은 덜 춥지만, 겨울 복장은 코트나 모직의 슈트나 두터운 스웨터가 좋다. 일본 북부 홋카이도 지역과 남부 오키나와 지역은 예외적으로 더 춥거나 더 덥다.

일본의 종교는 신도(神道) 관련 종교 51.3%, 불교 38.3%, 그리스도교 1.2%, 기타 9.2%로 구성된다. 신도는 정령신앙과 조상숭배에 바탕으로 한 신앙계보를 기초로 발달하였다. 이것은 고대부터 해외에서 전파된 불교, 도교의 영향을 받아 토착적인 고유 신앙과 혼합되어 형성되었다. 신자는 신도 9,100만 명, 불교는 8,608만 명, 신·구 그리스도교는 93만 명, 기타 종교는 831만 명으로 추정된다. 그러나 통계에 따르면, 그 수치가 일본 인구의 2배에 해당되는데, 일본인은 다른 신앙을 믿으면서 신도를 고수하므로 일본인들의 종교에 대한 관심이 그리 투철하지 않다고 할 수 있겠다.

일본의 통화단위는 엔(円, ￥)이다. 주화는 1, 5, 10, 50, 100, 500엔의 6 종류가 있으며, 10, 50, 100엔짜리 동전이 주로 사용되며, 지폐는 1,000, 5,000, 10,000엔 권이 있다. 2,000엔 지폐가 기념적으로 한시적으로 사용되었다.

또한 어떤 상품을 구입하든 반드시 5%의 특별소비세가 부과된다. 외국 화폐는 국제 공항 환전센터나 시중은행에서 일본 엔화로 교환할 수 있다.

일본에서의 쇼핑은 전통 미술품과 공예품에서부터 하이테크 가전제품에 이르기까지 매우 다양하다. 또한 어떤 상품을 구입하든 특별소비세가 부과된다.

제품	내용
진주	진주는 크기, 모양과 색깔에 따라 그 종류가 매우 다양
전기 및 전자기구	전기밥통, 미니 TV세트, CD플레이어, 비디오카메라, 노트북, 녹음기, 오디오와 하이파이 장치, 디지털시계, 그리고 포켓 사이즈 전자계산기
카메라 및 광학제품	일반 카메라와 디지털카메라, 무비카메라 그리고 렌즈 및 액세서리뿐만 아니라 쌍안경, 현미경 및 망원경 등
시계	백화점뿐만 아니라 유명 호텔의 아케이드나 보석상에서 세이코, 시티즌 등
미술품 및 공예품, 인형	모든 관광지에서 조상 대대로 전해 내려온 독특한 미술품과 공예품
도자기	도자기는 고도의 예술적 가치를 가졌을 뿐 아니라 접시, 화병 및 다기 등
실크제품	고도의 염색술과 무늬의 정통성이 그 어떤 것도 견줄 수 없는 아름다움을 부여하고 있다. 전통 기모노

일본은 섬나라로 사면이 바다로 둘러싸여 있기 때문에 해산물이 풍성하다. 대표적인 요리로는 생선초밥과 사시미(회) 요리가 있으며, 신선하여 맛은 일품이지만 비싸기도 하다. 또한 일본식 돈가스라는 것이 있는데 고기를 스테이크처럼 두껍게 자른 것으로 우리나라 돈가스와는 다른 맛이 나고, 덮밥으로 흰 밥 위에 다양한 육류나 야채류를 요리하여 놓고 진한 국물을 얹어서 먹는 돈부리(덮밥)가 있다.

우리 귀에 익숙한 음식으로는 라멘(라면), 우동, 샤브샤브 등 다양한 음식을 맛 볼 수 있다. 일본의 전통요리는 식사에 따라 달라지며, 회석(懷石, 가이세키) 요리는 승려 계층

에서 발달하여 계절요리를 수수하게 대접하고, 회석(會席, 가이세키) 요리는 전형적 일본 요리로 호화로운 형식이 특징이고, 혼젠(本膳) 요리는 무사계급에서 행하던 식사예절로 현재는 주로 명절의 특별음식이나 혼례 행사에서 주로 볼 수 있다. 일본요리는 전체적으로 담백하며 양보다 재료가 지닌 본래의 맛을 강조하며 양이 적은 것이 특징이다.

참고 : 일본의 전통문화

스모(相撲)

일본의 국기인 스모는 형태와 규칙은 단순하지만 일본의 고유한 전통을 간직하고 있다. 현대 스모의 스타일은 에도 시대에 시작된 것이나 의례적인 스모는 그 전부터 축제의 일부분으로 계속해서 전해 내려왔다. 운동 경기 자체는 헤이안 시대 이후 사무라이가 결투를 발전시키는 방법으로 채택했다.

가부키(歌舞伎)

노래와 춤과 기교를 조화시킨 예술이다. 화려한 복장과 인상적인 분장, 독특한 연기와 음악이 일본의 일본 특유의 조화를 보여주는 공연예술이다.

마쯔리(축제)

마쯔리(祭)의 의미는 경외하는 마음으로 신을 맞이하고 신에게 존경의 마음을 표현하는 음식이나 그 외의 물건을 드려서 환대하고 풍요로운 생산, 번영 및 평화로운 생활 등을 기원한다.

3 대표도시

1) 도쿄(東京)

도쿄의 면적은 2,191㎢로 서울의 3배이며, 인구는 약 1,200만명, 인구밀도는 5,482명/㎢로 일본 최고이다.(2015년 기준) 메이지(明治)시대에 이르러, 서양의 문물을 받아들인 일본은 도쿄의 긴자(金座)거리에 빨간 벽돌의 서양식 건물이 늘어서고, 도로에는 가스등이 설치되는 등의 생활전반에 걸친 문화의 변화가 일어났으며 현재의 도쿄는 일본의 정치, 경제, 행정, 교육, 문화의 중심지이며 세계경제의 중심도시로 변모하였다.

▲ 도쿄

(1) 도쿄 근교

도쿄 스카이 트리는 일본 도쿄도 스미다구에 세워진 전파탑이다. 본래 높이 610.58m로 계획되었으나 2009년 10월에 높이 634 m로 설계가 변경되어, 캐나다의 CN 타워와 중국의 광저우타워를 제치고 세계에서 가장 높은 자립식 전파탑이 되었다. 2008년 7월 14일에 착공하였고, 2012년 2월 29일에 완공하였으며, 2012년 5월 22일부터 정식으로 영업을 시작하였다.

2) 하코네(箱根)

도쿄에서 가까운 곳에 위치한 곳으로 닛코(日光)와 더불어 도쿄 부근 당일 관광지로 사랑받고 있으며, 온천과 휴양관광을 함께 즐길 수 있는 지역이다. 특히 해발 723m의 칼데라 호수인 아시노코(芦ノ湖)에서 해적 유람선이 승선하여 호수 횡단 유람 후 케이블카를 타고 검은 계란(쿠로다마코, 黑卵)으로 유명한 오와쿠다니(大涌谷) 계곡을 관광하는 것이 최고의 관광코스이다.

▲하코네 신사

3) 오사카(大阪)

오사카는 16세기 이시야마 혼간지(石山本願寺)절의 신도들이 지나이마치 (寺內町)인 상업지역을 형성하였고, 1400년부터 도요토미 히데요시가 오사카를 상업의 중심지로 삼으면서 전성기를 맞이했다. 새로운 상업, 독자적인 상품이 계속해서 발전되고 번창하면서 일본열도의 중심부에 자리 잡았다. 오사카는 현재 일본 제2의 도시로 나라와 교토에 비해 많은 역사유적지를 보유하고 있지는 못하나, 상업이 발달한 도시답게 현실적이고 실리적인 정신과 함께 첨단도시로 발전하고 있다.

▲ 오사카성

4) 교토(京都)

▲ 기요미즈데라(정수사)

교토는 긴키 지방의 다른 어떤 도시보다도 일본의 역사와 문화 유적지가 많은 곳으로 794년 일본의 수도로 정해진 이후 약 1,000년 동안 중심지로 발전해 왔다. 일본 역사의 시작이라고 할 수 있는 곳 중의 하나로 매년 전통적인 문화행사가 행해지고 있는 일본 국내는 물론이고 세계적으로 주목받는 도시이다. 도예, 수공업, 인형과 부채

공예, 전통과자 등 교토 특유의 특산품이 유명하다. 일본의 국화인 벚꽃을 구경하기 위해 가장 많이 찾아오는 지역이 교토이기도 하다. 1994년 유네스코 세계문화유산으로 지정되었다.

'교토 여행객에게 가장 인기 있는 방문지'라는 수식어가 붙은 기요미즈데라는 히가시야마의 유명한 절과 신사 가운데서도 손꼽히는 곳이다. 인기가 많은 곳이라 여행자가 많이 찾는 성수기에는 교토 역 버스승강장에서 정규 버스 외에 '임시(臨)'라고 붙인 버스가 운행된다. 또는 '기요미즈데라 방면'이라고 붙이기도 한다. 이 곳에서 세 가지 소원을 빌면 이루어진다는 이야기 있다.

5) 나라(奈良)

나라현은 일본의 긴키 지방의 거의 중앙에 위치하고 있으며, 일본의 국보급 문화재들이 밀집해 있는 곳이기도 하고 우리나라의 백제와 관련이 깊은 곳이다. 710년에서 784년까지 일본의 수도였으며, 백제로부터 최초로 불교를 전수받았고, 일본에서 우리나라의 흔적을 가장 쉽게 찾을 수 있는 지역이기도 하다. 호류지(法隆寺)를 제외한 도다이지(東大寺), 카스가다이샤 신사(春日大社, Kasugataisha Shrine), 사슴공원, 고후쿠지(興福寺) 등 대부분 유적 등을 도보로 관광할 수 있는 것이 특징이다.

▲ 카스가다이샤 신사

6) 히로시마(廣島)

히로시마 현은 일본 주고쿠(中國) 지방 중앙부에 위치하고 있다. 히로시마 시는 1589년 모리테루모토(毛利輝元)가 히로시마 성을 축조하면서 탄생한 도시이며 1945년 8월 6일 세계 최초로 원자폭탄이 투하되어 폐허가 되었다. 히로시마평화공원과 일본 3경의 하나로 꼽히는 미야지마(宮島)에 있는 이쓰쿠시마(嚴島)에 위치하고 있다.

▲ 히로시마성

▲ 원자폭탄 돔

7) 나가사키(長崎)

나가사키현은 규슈 북서부의 끝에 위치한 현으로 1945년 8월 9일 히로시 마(廣島)에 이어 두 번째 원자폭탄이 투하된 곳이다. 과거 원폭지역은 평화 공원으로 조성되었고, 1977년 국제문화관광도시로도 지정되었다. 나가사키 시에는 공원 내부에 조성된 평화의 상을 비롯하여 일본 국보 오우라

▲ 하우스텐보스

천주당 (大浦天主堂), 데지마(出島), 26성인 순교지터가 관광명소이며, 외곽지역에 17세기 네덜란드 마을을 재현한 테마파크 하우스텐보스(Huis ten bosch)와 운젠 온천이 있다.

8) 벳부(別府)

일본을 대표하는 온천의 도시로 규슈 오이타(大分)현에 위치하고 있다. 벳부(別府)는 우리나라에서 가장 잘 알려진 일본의 온천지역이며, 지고쿠 온천 순례와 스기노이 호텔 온천투어로 잘 알려져 있다.

▲ 벳부 온천

9) 구마모토(熊本)

일본 규슈(九州) 서부에 위치하며 북동부는 세계적 규모의 칼데라화산인 아소산(阿蘇山)을 중심으로 대지와 산지가 펼쳐져 있고, 남동부는 규슈 산지가 북동부에서 남서부로 산지대를 형성한다.

▲ 구마모토 성

10) 후쿠오카(福岡)

후쿠오카시는 중심도시로 정치, 경제, 문화, 교통의 중심지이다. 나가강을 중심으로 동쪽 하카타(博多), 서쪽 후쿠오카로 나누기도 하는데, 하카나 지역은 상업과 무역의 중심지이며, 후쿠오카 지역은 에도시대부터 성곽을 중심으로 한 정치적 중심지로 외국의 공관이나 정부기관이 자리하고 있다.

▲ 도초지 사원

11) 홋카이도(北海道)

(1) 삿포로(札幌)

삿포로는 홋카이도(北海道)의 중심 도시로 광대한 자연과 독특한 눈의 풍경이 조화를 이루는 도시이다. 일본의 최북단의 섬 홋카이도의 중심지이며, 바둑판 모양으로 정비된 거리로 일본의 다른 도시와 구별된다. 오오도리 공원(大通公園)은 삿포로 중심에 위치한 시민공원으로 대표적인 시민의 휴식공간이다. 매년 2월 눈 축제가 개최되며, 이 때 수백 개의 눈과 얼음조각으로 공원을 디즈니랜드와 같이 장식한다. 계절별로 다양한 축제가 열린다.

▲ 홋카이도 신궁

(2) 오타루(小樽)

오타루는 '오타루운하'로 널리 알려져 있는 매력이 넘치는 항구도시이자 일본 영화 「러브레터」의 배경이 된 곳이다. 아름다운 운하의 모습과 함께 오래된 역사의 흔적을 찾아볼 수 있는 지역으로 삿포로역에서 JR 하코 다케혼센 쾌속으로 약 35분 정도의 거리에 있다.

오타루를 대표하는 상징인 오타루 운하(小樽運河)를 비롯하여 유럽 이탈리아의 베네치아의 유리공예품을 전시하고 있는 키타이치 베네치아 미술관 및 일본 전통 유리공예로 유명한 기타이치(北一) 유리공방 거리 등이 즐겨 찾는 장소이다.

13) 오키나와(沖縄)

오키나와현은 일본 난세이제도(南西諸島)의 북위 27° 이남의 오키나와(沖縄), 미야코(宮古), 야에야마(八重山) 등 약 160개의 섬으로 이루어진 현이다. 오키나와는 푸른 하늘과 에메랄드 바다, 하얀 백사장과 같은 자연과 온난한 기후 그리고 다채로운 역사와 문화가 어우러져 있다. 오키나와의 류큐왕국 유적은 2000년 유네스코 세계문화 유산으로 지정되었다.

4 매너 및 예절

'메이와쿠(迷惑)'와 '기쿠바리(氣配り)', 이치닌마에(1人前) 등이 일본문화를 이해하는 키워드가 될 수 있겠다. '메이와쿠'는 상대에게 폐를 끼치지 않도록 하는 것을 의미하며(민폐) '기쿠바리'는 상대가 무안하거나 어색하지 않도록 미리 배려하는 것을 말한다. '이치닌마에'는 자신의 일을 제대로 해낼 때 대접받는다는 책임의식을 의미하며, 이러한 교육은 어렸을 때 가정에서부터 엄격하게 시행되고 있다.

진심으로 손님을 접대한다는 뜻을 담은 일본어인 오모테나시 [おもてなし]도 일본을 이해하는 데 도움이 된다. 오랫동안 일본은 '서비스 천국'이었다. '천국'을 넘어 '서비스가 과하다'는 지적이 나올 정도였다. 하지만 최근 일본에선 음식점 등을 중심으로 "서비스 질이 예전같지 않다"는 지적이 드물지 않게 나오고 있다.

이는 아베노믹스(아베 신조 일본 총리의 경제정책) 시행 이후 실업률이 완정고용 상태로 접어들면서 구직자 우위 시장으로 바뀌면서 서비스 질이 떨어지고 있기 때문이다.

고개를 숙여 인사를 하는데 답례는 상대방과 비슷한 높이로 하고 인사할 때 상대방보다 허리를 먼저 펴면 실례가 된다. 웃어른과 눈을 맞춘 후에 인사하는 것이 원칙이나, 상대가 불편해 할 것 같은 상황에서는 외면하는 것이 예의이다. 일본은 나이, 직위, 상황 등에 따라 경어를 사용하는 것이 일반화되어 있고 철저하다. 상대가 어릴지라도 남의 아이에게는 항상 경어를 사용한다. 이름에 Mr. Mrs.의미의 '상(様)'을 붙이는데 직책에는 사용하지 않는다. 공중도덕을 준수하는 문화로, 줄서기가 습관화되어 있으며 거리에 휴지를 버리는 일도 거의 없다. 질서를 지키지 않으면 비난의 대상이 된다. 약속을 중시하며 약속을 지키지 않는 것은 상대의 명예를 훼손하는 것이다. '솔직함이 미덕'이라고 생각하지 않는다. 직설적인 표현은 무례한 것이라고 생각한다.

일본인들은 밥은 물론 맑은 된장국(みそしる)의 국물 요리도 젓가락으로 몇 번 저은 후 후루룩 마시는 습관이 있다. 밥을 물에 말아먹을 때에도 그릇을 입에 댄 채 젓가락을 몇 차례 움직여 밥을 먹지만, 식사 시 젓가락으로 음식을 주고받아서는 안 된다. 그 이유는 죽은 이를 화장하고 납골을 하기 위해 유골을 추스를 때 두 사람이 뼈를 젓가락으로 맞잡고 납골 단지에 넣는 풍습에서 유래한다. 또한 밥에 젓가락을 꽂아 세워두지 않도록 한다.

비즈니스뿐만 아니라 가정에 초대되었을 때도 식사매너는 웃어른이 나중에 착석하고, 먼저 일어선다. 대개의 경우 식사 전후에 차를 마신다. 기물을 손에 들고 먹는 요리가 많으므로 그릇을 들 때나 받을 때는 반드시 양손을 사용하며, 손가락을 편 후 손바닥 중앙에 그릇이 오게 하고 엄지손가락을 그릇 가장자리에 걸친다. 그릇을 떨어뜨리지 않도록 주의한다. 국을 먹을 때는 그릇을 들고 건더기를 젓가락으로 누르며 마시고, 마실 때 소리를 내는 것은 무방하나, 국에 밥을 말아먹지 않는다. 입안에 음식이 있을 때 다른 음식을 먹지 않는다.

선물은 인간관계의 중요한 요소이나 '오가에시(御返し) 문화, 증답(贈答) 문화'로써, 선물을 받으면 합당한 답례를 '의무'로 생각한다. 선물과 관련한 종류와 시기가 있으며 일본 특유의 선물문화도 있다. 일본 특유의 문화 중 상대가 자신의 기호에 따라 선택할 수 있도록 일정 가격대의 선물 책자(품목 가격은 표시하지 않음)와 구입신청서를 동봉해서 보낸다. 이는 상대를 배려하는 문화가 반영된 것이다. 사업상 거래처를 방문할 때는 기념품 수준의 선물을 미리 준비하도록 한다. 흰색은 죽음을 의미하기도 하므로 흰 포장지나 흰 꽃은 선물하지 않는다.

방문이나 미팅은 사전 약속을 통해 일시, 방문자, 용건 등을 정하고 약속 시간을 엄수한다. 비즈니스 접대의 경우 1차는 식사를 하며 술을 곁들이며 2차는 가라오케, 3차는 입가심 할 정도로 한 잔하는 순서로 우리나라의 접대 문화와 비슷하다. 2차 대전, 천황, 종교, 지진 등에 관한 화제는 피하고 개인의 신상에 대한 질문도 결례이다. 오랫동안 눈을 마주치는 것은 무례함으로 인식한다.

일본은 잔이 남아있을 때 술을 따르는 첨잔문화로써 상대의 잔이 1/3 이하로 남아 있는데 권하지 않는 것은 술자리를 끝내자는 의사표시로 이해한다. 어른이 술을 권하는 사배(賜杯) 문화로써, 술을 받을 때는 잔을 가슴 부분까지 들어서 받는다. 이때 사양의 표시로 잔을 엎어두면 실례가 된다. 일단 받은 후 마시는 시늉을 하고 내려놓는다. 건배가 끝나기 전에는 음식에 손을 대지 않는다. 일본인들은 위생을 고려하여 자신이 마신 잔을 돌려가며 권하지 않으며, 술자리에서 여자가 남자에게 술 따르는 것을 예의와는 무관하다고 생각한다.

TIP 여행시 주의해야 할 작은 상식

- 숙박은 세계적인 체인 호텔에서부터 비즈니스호텔, 그리고 국민숙사, 여관 등 다양하고 독특한 숙박시설을 편리하게 이용할 수 있다.
- 일본 지역의 치안 상태는 양호하며, 여행자가 통행하기에 안전하다. 다만 조직폭력배(야쿠자)가 존재하고 있고, 유흥가를 중심으로 마약, 밀수, 인신매매 및 테러 등 범죄가 증가하고 있는 점은 유의해야 할 필요가 있다.
- 일본의 입국관리국은 불법체류나 불법취업에 대한 제재가 엄격하여, 체류기간은 준수해야 하고, 체류자격 이외에 제한된 활동은 하지 않는 것이 좋다.
- 자동차를 운전하고 싶으면 국제운전면허증이나 일본운전면허증을 소지해야 하며, 우리나라의 주행차선이 반대임을 주지해야 한다(일본 차량 왼쪽 주행).
- 일본 공통적으로 가정용 전압은 110V이다. 그러나 주요 도시의 대형호텔에서는 110V와 220V의 두 개의 콘센트를 가지고 있기도 하다.
- 일본은 우리나라와 마찬가지로 팁 문화가 발달되어 있지 않으므로 특별한 경우를 제외하고는 팁을 지불하지 않는다. 그러나 고급호텔이나 레스토랑은 팁을 포함한 봉사료(Service Charge)가 가격에 포함되어 있다.

사례연구 오모테나시 [おもてなし]

혹시 2020 도쿄 올림픽이 열린다는 사실, 알고 있나요? 올림픽 개최지 선정 과정에서 오모테나시가 화제에 올랐다. 2013년 IOC(국제올림픽위원회) 총회에서 타키가와 크리스탈 도쿄 올림픽 홍보대사가 오모테나시를 아래와 같이 소개했다.

“우리는 여러분을 매우 특별하게 대접하겠습니다. 이를 일본어 한마디로 표현할 수 있습니다. ‘오모테나시.’ 우리 조상들로부터 이어온 순수한, 온 마음을 다하는 환대의 정신을 뜻합니다. 오모테나시는 사소한 구석부터 꼼꼼히 자리 잡습니다. 식당에서 전해주는 따뜻한 손수건, 자동으로 문을 여닫는 일본 택시처럼 작은 서비스 하나하나가 오모테나시 정신에서 시작합니다. 조금 더 자세히 살펴보면, 오모테나시란 접대를 의미하는 ‘모테나시(もてなし)’에 정중한 표현 ‘오(お)’를 붙여 최고의 환대를 표현한 단어입니다. 과거 일본 1603~1827년 에도 시대(에도에 막부를 설치한 막부 정치 시대, 에도는 도쿄의 옛 이름) 차와 함께 먹는 간단한 음식 ‘가이세키’에서부터 비롯합니다. 짧지 않은 시간 동안 일본 문화에 자리 잡은 셈이지요. 렉서스는 이런 오모테나시를 브랜드 철학으로 새겨두고 최고의 대접을 지향합니다. 오로지 순수하게 고객께서 불편함 없이, 더 편하게 렉서스를 누리실 수 있도록 세세한 디테일부터 크게는 제품 개발 단계 목표까지 영향을 끼칩니다. 렉서스의 오모테나시는 멀리 있지 않습니다. 창문을 여닫을 때 충격을 줄이기 위해 끝에서 부드럽게 창문 움직이는 속도를 줄이는 기능, 또는 낮은 세단에 더 쉽게 탈 수 있도록 문을 열면 차체를 들어 올리는 기능, 그리고 적외선으로 체온을 측정해 최적의 온도를 알아서 찾는 기능 등 운전자가 예상하지 못한 세심한 구석까지 먼저 배려합니다. 물론 오모테나시는 제품으로 끝나지 않습니다. 렉서스는 고객께서 손쉽게 럭셔리 라이프 스타일을 즐기실 수 있도록 다양한 혜택이 가득한 렉서스 프리미엄 멤버십을 운영 중입니다. 또 최고의 전문가들로 구성한 서비스 센터, 그 옆 고객께서 편히 휴식할 수 있도록 마련한 라운지 등 더 편리한 서비스를 위해 노력하고 있습니다.”

함께 생각해 봅시다

▲ 브라운슈바이크 극장 오페라 무대 및 포스터에 욱일기 이미지

전범기(戰犯旗)는 일본 욱일기를 지칭하기 위해 한국 네티즌들과 언론에서 대략 2012년부터 본격적으로 사용하기 시작한 신조어이다. 욱일기는 일본 군국주의의 상징으로써 침략, 수탈의 주체인 일본 군부를 상징했기 때문에, 대한민국, 중국, 러시아와 미국, 동남아시아 등의 일본 군국주의 및 태평양 전쟁 피해 국가에서 일본제국주의의 상징으로서 매우 부정적으로 인식하고 있다. 그런데 왜 일본은 이런 욱일기를 매년 행사 때 사용하는 것일까요?

6장

아시아 문화의 이해(1)

태국(KINGDOM OF THAILAND)

수도	방콕(Bangkok)	언어	타이어
면적	51만 4천㎢	종교	불교(94.6%), 이슬람교(4.6%), 기독교(1%)
위치	동남아시아, 인도차이나 반도 중앙	기후	고온다습의 아열대성 (연평균 27.6℃)
인구	6,600만 명	화폐	바트(Baht)
민족	타이족(Thai, 81.5%), 화교(13.1%), 말레이족(2.9%), 기타(2.5%)	1인당 GDP	6,946 $ (IMF 2019년 기준)

1 왕조 중심의 입헌군주국가

태국(泰國)의 공식 국명은 영어로 Kingdom of Thailand이다. 일반적으로 타이(Thai)로 불려지고 있으며, 옛 이름은 시암(Siam, 1856~1939)이다. 별칭은 자유의 땅을 의미하는 무앙타이(Muarg Thai)라고 한다. 대표적 불교국가로 중국과 인도 사이에 위치하며 북서쪽으로 미얀마, 북동쪽으로 라오스, 남동쪽으로 캄보디아와 타이만, 남쪽으로는 말레이시아, 남서쪽으로는 안다만 해와 접하고 있다. 수도는 천사의 도시라 불리는 방콕이고 이곳은 '동양의 베니스'로 칭송을 받았던 물의 도시였다. 주요 도시로는 아유타야, 파타야, 치앙마이, 나콘라차시마, 푸켓 등이 있다.

태국인의 성격은 오랫동안 열대라는 기후적 조건에 적응하다보니 낙천적이고 여유로움에 시간개념이 다소 희박한 것으로 알려져 있지만, 비즈니스 업무에서는 정확한 일처리를 중시한다.

2 종교적인 색채가 짙은 문화 특성

▲ 에메랄드 사원의 수호신

태국은 가장 오래된 청동기 문명이 번성했던 나라이다. 태국의 최초 국가는 드라 바티 몬 왕국으로 550년부터 1253년까지 지속되었다. 1238년에 이르러 크메르 영주에 대항, 반란을 일으켜 최초의 독립왕국인 수코타이를 건설하게 된다. 수코타이 왕국(1238~1419)에 이르러 태국의 국가기반이 확고해진다. 초대 방콕시대(1767~1932)에 들어서 톤부리에 새로운 수도를 설립한 후, 1782년 차크리 왕조의 라마 1세가 차오프라야강 유역의 방콕으로 천도하였다. 태국 왕궁은 라마 2세가 건설한 이래, 현재까지 보존되고 있다. 태국은 입헌군주제로 1932년 이래 국왕들은 국회를 통해 입법권, 수상이 이끄는 내각을 통해 행정권, 법을 통해 사법권을 행사한다.

1년 내내 무더운 열대성 기후를 나타내나, 태국의 기후 특성상 동계, 하계, 장마철로 구분할 수 있다. 동계는 12~2월로 평균기온이 25℃ 안팎이며 상대적으로 선선하다. 북부의 치앙마이 등지에서는 추위를 느낄 정도이며, 이 시기가 여행 최적기라고 할 수 있다. 하계는 3~5월로 40℃가 넘는 날이 많다. 장마철은 5~11월이다.

총인구의 95%가 불교 신도일 정도로 널리 퍼져 있으며, 오렌지색 법복을 입은 승려와 금이나 대리석, 돌로 만든 좌불, 입불상 등을 볼 수 있다. 대부분이 소승불교이며, 태국 남자들은 삶 속에서 짧게라도 승려가 되어야 한다. 이슬람교도, 힌두교도, 시크교도, 크리스트교도가 소수 존재하며, 대부분 원주민은 애니미즘적 경향이 강하다.

태국화폐의 기본 단위는 바트(B)이며, 1B는 100사탕으로 나눈다. 동 동전은 25사탕과 50사탕짜리이다. 은 동전은 1B, 2B, 5B짜리로 쓰인다. 지폐는 황색 10B, 녹색 20B, 청색 50B, 적색 100B, 자색 500B이다. 시간은 한국 표준시(GMT+9) 보다 2시간 늦다(GMT+7). 우리나라가 오후 2시이면 태국 현지 시간은 같은 날 오후 12시이다.

일류호텔의 쇼핑센터나 백화점 등에서 태국의 특산품을 살 수 있다. 특산품은 태국정부 관광청 TAT의 공인 스티커가 붙어 있는 것을 구매하면 품질 보증을 받는다. 방콕 돈무앙 국제공항과 시내에 있는 면세점에서는 일반 상품을 시중가격의 20~30% 싼 값으로 살 수 있으나, 수공예품은 면세가 안 된다. 특산품 중 제일 유명한 것은 태국 실크이다. 기념할 만한 쇼핑 품목으로 물소 뿔 세공 품, 치앙마이의 지우산, 목각제품, 보석류가 있으며, 가장 인기 있는 상품으로는 수직 실크, 면과 같은 태국산 직물을 들 수 있다. 일류급 재단사들이 만든 남성정장, 셔츠, 여성정장과 파티복도 인기가 있다. 직물류 외에 보석을 들 수 있으며, 금(태국의 금 가격은 저렴)과 은이 있고, 사파이어와 미얀마와 캄보디아산 루비 등 보석류가 있다. 정교하게 세공된 보석 제품들은 가격이 저렴하며 기성복이나 가죽제품도 저렴한 가격으로 구입할 수 있다.

태국요리의 신선하고 톡 쏘는 매운맛은 '프릿키누'라는 작은 고추를 사용하기 때문이다. 또한 향신료를 많이 사용한다. 태국의 주식은 쌀이며 멥쌀인 카오차오와 찹쌀인 카오냐오로 나눈다. 그러나 우리나라 쌀보다는 찰지지 않아 밥맛은 좋은 편이 아니고 태국인들은 불교국가이지만 소와 돼지고기를 금하지는 않고 있다. 볶은 요리를 팟이라고 하며, 카오팟 즉 볶은 밥은 가장 대중적인 음식으로 중국식 볶음밥이나 인도네시아의 나시고렝과 비슷하다. 얇게 썬 오이가 나오나, 피이셋(특)을 주문하면 계란 프라이가 얹어진다. 찐 요리는 재료를 바나나 잎에 싸서 찐 요리로서 보통 눙이라고 한다.

▲ 카오팟

참고 : 맛의 천국 태국요리

태국요리는 인위적인 향신료와 화학조미료가 들어가지 않고, 영양소 파괴를 최소화하기 위해 채소는 고온에 살짝 볶는 것이 특징이다. 조리시간이 매우 짧으며 주문을 한 후 10분 이내에 음식을 맛 볼 수 있다. 유명요리인 톰얌 꿍(Tom Yam Gung)은 태국인들이 국처럼 자주 먹는 시원한 국물 요리로 새우와 라임 잎, 줄기, 칠리 페이스트 등을 넣고 오래 동안 끓여낸 새우수프 이다. 첫 맛은 새콤하지만 코리엔더의 향이 입 속에 은은히 퍼진다. 세계 3대 수프 중 하나로 불릴 정도로 전 세계 사람들의 사랑을 받고 있고, 우리나라의 매운탕과 유사하다. 꿰 띄우 느아 뚠(Kuay Tiew Nuea Toun)은 태국의 쌀 국수로 시원한 국물 맛이 일품이다. 양파, 굵은 대파, 샐러리, 통후추, 통마늘, 생선소스(젓갈과 비슷), 간장, 계피 등 재료를 넣고 3~4시간 끓여낸 국물에 쫄깃한 소고기와 쌀국수를 넣어 먹는다.

3 대표도시

1) 방콕

차오프라야강 하구 평야지대에 위치하며, 1782년 차크리왕조에 의해 건설된 수도로 세계적 항구도시이자 아시아 중심부를 차지하는 동남아 관문이다. 태국의 행정, 금융, 산업 및 관광의 중심지이며, 태국인들에게 룽 텝(Krung Thep)이라는 별칭 '천사의 도시'로 불린다. 인구는 약 600만 명, 면적 1,570㎢이다. 방콕은 운하가 잘 발달되어 있으며, 이로 인해 '동양의 베니스'라고 알려져 있다.

▲ 방콕시내

▲ 왓 아룬

2) 무앙보란(Muang Boran)

▲ Sumeru Mountain Palace

방콕에서 남동쪽으로 약33㎞ 떨어진 곳에 차를 타고 45분 정도(수쿰빗 구도로에서 30분)를 가면 사무트 프라캄에 위치한 역사 공원 무앙보란(Muang Boran)을 볼 수 있다. 무앙보란은 '살아있는 박물관'이라고 일컬을 정도로 태국의 역사를 엿볼 수 있는 곳이다. 이곳은 태국 전도모양을 하고 있고, 왕궁과 110여개 이상의 사원, 탑, 석주, 전통 타이 가옥 모형과 재건된 역사적 유적지들을 전시해 놓은 역사 테마 공원이다.

3) 파타야(Pattaya)

▲ 꼬란 섬

파타야는 방콕 남동쪽 150㎞ 지점 시암만에 위치한 최고의 휴양지이다.

'남쪽에서 북동쪽으로 부는 우기의 시작을 알리는 바람'이라는 뜻을 갖고 있다. 작은 어촌에 불과하였으나 1961년 베트남전쟁 미군휴가병들이 해변의 아름다움을 높이 평가하여 휴양지로 발전하였다. 교통수단으로 송태우를 볼 수 있다.

4) 푸켓

푸켓(Putket)은 세계적인 관광 휴양지로 유명하다. 아름답고 변화무쌍한 해안선과 석회암 절벽, 숲이 우거진 언덕이 있으며 주변에 32개의 작은 섬들이 흩어져 있고 영국 제임스본드 007영화의 촬영지로 유명하다. 이곳은 660m 길이의 사라신 다리와 1992년에 개통된 다리로 내륙과 연결되어 있으며, 진주와 주석산지로 유명하다.

▲ 제임스 본드 섬

5) 치앙마이

치앙마이는 과거 독립왕국이었던 란나(Lanna)의 수도로 13세기말에 창건된 태국에서 가장 오래된 거주지로서 독특한 문화적 유산을 간직하고 있다.

현재 태국 북부의 중심도시로 인구 17만 명이 거주하고, 약 1,250여개 사원을 보유하고 있다. 코끼리 트레킹의 메카로 지금도 많은 관광객들이 즐겨 찾고 있으며, 방콕에 비해 1/3 수준의 저렴한 물가와 흔히 '북방의 장미'라고 불리어질 만큼 빼어난 미모의 여인이 많은 도시이다.

▲ 로얄 플로라

4 매너 및 예절

발은 신체의 가장 낮은 부분으로 천하게 생각하는바 발로 다른 사람이나 물건을 가리키지 않는다. 머리는 가장 높은 곳에 위치함으로써 머리를 만지는 것은 영혼이 달아난다는 뜻이므로 상대방의 머리를 건드리게 되면 바로 사과해야 한다. 또한 왕조에 대한 존경심이 높음으로 국왕이나 왕족에 대한 모욕을 하지 않는 것이 좋다. 태국인과 인사를 할 때는 악수를 하지 않으며, 기도하듯이 두 손을 모으는데 이를 와이(Wai)라 하고 와이를 했을 경우 와이로 답례하는 것이 예의이다.

와이(Wai)는 태국 등 불교계 국가의 전통 인사로, 손을 합장하여 얼굴로 올려야 한다. 불교국가인 만큼 승려에 대한 존경이 사회전반에 스며들어 있다. 남성들은 성인이 되기 전 '부엇껀바앗(승려수업. 단기출가)'을 시행한다. '도덕적 완성, 검소와 절제의 미덕'을 교육하여 온전한 신자로 성숙하게 하는 성인의식이다. 사원은 교육·의료·사회복지 기관, 행사·의식의 중심지 역할을 한다. 국왕에게도 절을 하지 않는다. 무릎을 꿇는 대상은 부처와 고승뿐이다.

사원 출입 시에는 반바지, 짧은 스커트, 망사 옷, 민소매, 슬리퍼 차림은 입장이 허용되지 않으며, 긴 바지나 셔츠, 긴 치마, 신발 등을 빌려 복장을 갖춘 후 입장할 수 있다. 여성 관광객도 승려에게 악수·사진 촬영을 요청하거나 물건을 직접 건네는 것은 삼가해야 한다. 대중교통의 경우에도 승려의 옆 좌석에 여성이 앉는 것은 삼가하도록 한다. 불상을 함부로 만지거나 훼손하는 행위는 절대 삼가한다. 대학생은 흰색 셔츠와 검은색 스커트, 바지를 착용하는데 이는 경제적인 면을 고려하면서 자부심을 표현하는 유니폼이다.

▲ 왓 야이 차이몽콘 사원의 석상

결혼은 짝수 달에 거행하는 관습이 있다. 남성이 여성에게 결혼지불금을 지불한다. 남성의 경제력과 사랑의 깊이를 표현하는 것이다. 결혼비용은 남성이 전액 부담

하며 결혼 후 부부가 별도의 자산관리를 한다. 이혼 역시 자유로운 편이어서 이혼율이 높은 편이며 위자료 지급 관습은 없다.

주택은 전세 개념이 없고 보증금(선 월세 3개월분)을 예치하는 월세 형태가 많다. 콘도(아파트)나 현대식 가옥 외에는 주방이 없는 집이 많다. 더운 날씨에 조리하기도 힘들고 전기·가스요금이 비싸서 외식하는 것이 더 경제적이라고 생각한다.

▲ 푸팟퐁커리, 똠얌꿍

식사할 때 나이프를 사용하지 않으며 두 손 또는 수저와 포크, 젓가락을 사용한다. 국물이 있는 음식을 먹을 때는 마시지 않고 수저로 떠먹는다. 식사 초대를 받았을 때는 음식을 조금 남기는 것이 예의이다. 빈부의 차이를 의식하지 않는 문화인만큼 경제력을 과시하는 언동은 결례이다.

머리(신체에서 가장 높은 부분)를 신성시 하므로 함부로 만지지 않는다. 호의의 표시로 머리를 쓰다듬는 것은 우리의 문화일 뿐 그들에게는 불쾌감을 준다. 여권을 존중하는 사회인만큼 여성을 경시하는 행동을 삼가한다. 내 외국인 막론하고 거리에 담배꽁초나 쓰레기를 버리면 2,000바트의 벌금이 부과된다. 법률이나 사회적 관습을 지키지 않는 사람도 왕실에 대한 존경이 대단한 만큼 왕실에 대한 모욕이나 시내 곳곳에서 볼 수 있는 왕과 왕비의 사진에 손가락질을 하는 것은 절대 삼가해야 할 행동이다.

참고 : 태국의 불교

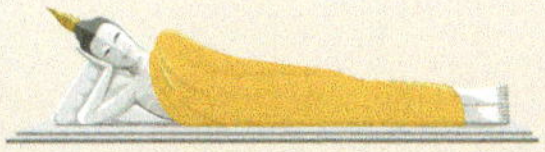

태국에는 25,000여 개의 불교사원이 산재하며 헌법상 왕은 불교신자여야 하고 유니폼을 입는 관리의 모표에 불상이 그려져 있는 나라이다. 모든 남자는 3개월간의 일시 승려 생활을 하는 등 세계최고의 불교국가이다. 태국의 승려는 하루에 1~2끼만 먹으며 227개의 계율을 지키는 금욕생활로 국민들의 존경을 받고 있다. 신도들은 조, 석식 모두 승려에게 음식을 공양한 후 식사하며, 시주를 많이 해서 공덕을 쌓아야 다음 세상에 신분이 상승한다는 믿음으로 즐겁게 일하고 번 돈은 기꺼이 시주한다. 여성은 승려가 될 수 없으며 승려와 몸이 닿지 않도록 해야 하고 노상에서 마주치면 길을 피해야 한다. 물건도 직접 건넬 수 없고 옆의 남자를 통해 건넨다. 이들은 자신의 현재 모습은 전생의 업에 의한 것이라는 생각으로 부자라고 해서 가난한 사람을 업신여기거나, 가난하다고 해서 자신의 삶을 비참하게 생각하며 부자를 부러워하거나 하는 인식은 거의 없다.

TIP 여행시 주의해야 할 작은 상식

- 전압은 220V, 50Hz이다. 호텔에 따라 110V용 콘센트나 변압기가 준비되어 있다.
- 수돗물이나 우물물은 함부로 마시지 말아야 한다. 미네랄워터, 청량음료수, 뜨거운 차를 마시는 것이 좋다.
- 공중화장실이 없으나 호텔이나 레스토랑을 이용할 경우 문제가 되지 않는다.

베트남(VIETNAM)

수도	하노이(Hanoi)	언어	베트남어(공용어), 영어, 불어, 러시아어(약간 통용)
면적	32만 9560㎢(한반도의 1.5배)	종교	불교(70%), 카톨릭(10%), 카오다이교, 호아하오교 등
위치	동남아시아, 인도차이나 반도 동부	기후	고온다습(북부 아열대기후, 남부 열대기후)
인구	약9,054만명(2011년)	화폐	동(VND(Dong))
민족	베트남인(88%), 중국계(3%), 타이, 무온, 메오, 모이족 등 약 60여개 소수민족	1인당 GDP	2,422 $ (IMF 2019년 기준)

1 베트남 사회주의 공화국

▲ 무캉차이, 엔바이 등의 계단식 논

베트남은 프랑스와 미국의 침략이라는 아픈 국가적 교훈과 함께, 아오자이와 월남국수로 잘 알려진 국가이다. 베트남에는 미국의 베트남 철수이후, 1976년 7월 베트남 사회주의공화국이 수립되었다. 1986년부터 경제·사회·정치개혁을 단행하여 국가통제와 시장기능을 복합적으로 받아들인 혼합경제체제를 도입하였으며, 시장경제체제로의 전환이후 안정적인 경제성장을 이루고 있다.

외국인들은 보통 베트남인들에 대해 비상한 손재주, 근면성, 명석한 두뇌를 가지고 있다고 한다. 베트남의 성장저력은 고난의 역사가 낳은 부지런하고 강인한 민족성에서 나온 것으로 보인다. 베트남인들은 그들의 역사에서 볼 수 있듯이, 내부에서 세력 갈등을 하다가도 외래 민족이 공격하여 위기의식이 느껴지면 내부 적들 간이라도 강력한 협력이 이루어진다. 그러나 베트남인들은 체면을 중요시하고, 자존심이 높고, 평화 시에 내분이 많다는 것을 쉽게 알 수 있다.

2 부지런하고 강인한 민족성을 지닌 문화 특성

BC 2세기경 통킹만과 북부 안남 일대에 살던 베트남 어부족들이 중국 진나라의 멸망으로 남베트남이라는 남월국(南越國)을 세우면서 시작되었다. 1884년 텐진 조약을 통해 베트남 전역이 프랑스의 식민지가 되었다. 베트남 내에서 항불 독립조직이 탄생하면서 왕조복귀를 목적으로 하는 민족주의 진영과 민족해방을 내세운 공산당이 호치민을 중심으로 독립투쟁을 전개하였다. 1945년 9월 호치민은 하노이를 중심으로 베트남민주공화국을 선포하였다. 그러나 포츠담회담을 통해 국토가 북위 17°선으로 분단되고 프랑스의 연방으로 재 전락하자 호치민은 항불 투쟁을 통해 입지를 다시 부각시켰다. 1976년 7월 2일 두 베트남은 베트남 사회주의공화국으로 통합되었다.

베트남은 시장경제체제로의 전환에 힘입어 안정적인 경제성장을 이루고 있으며, 1992년 12월 22일 우리나라와 정식 수교를 수립했으며, 1995년 7월 미국과도 국교를 정상화하였다.

베트남은 북위 8°34′～23°22′로 남북으로 길게 뻗어 남북 기후차이가 심한 아열대 및 열대몬순기후를 나타낸다. 하노이(Ha Noi)를 중심으로 하는 북부지방은 여름(5～10월)에 평균기온 24～33℃을 나타내며 우기로 고온다습하고 열대스콜이 수시로 내린다. 겨울(11～4월)은 평균기온 16～23℃로 건조하며, 최저 기온이 10℃ 이하로 내려가는 경우도 있어 우리나라 가을철에 해당하는 옷이 필요하다. 여행 최적기는 강수량이 최소이며 기온이 너무 낮지 않은 겨울철이다.

동양 전통철학이 서로 융합된 유교, 도교, 불교가 베트남인들의 정신생활을 지배하고 있으며, 유교, 도교, 불교는 중국인의 민간신앙과 베트남인들의 고대 정령신앙과 융화되어 3개의 종교로 땀짜오를 형성하며, '베트남 불교'라고 불린다. 이외에 로마가톨릭교, 이슬람교, 호아하오교, 카오다이교, 개신교를 믿는 소수가 있다.

화폐단위는 VND(Dong, 동)으로 동전은 없고, 지폐종류가 5만, 2만, 1만, 5천, 2천, 1천, 5백, 2백, 1백VND짜리가 있다. 1만 VND 이상의 고액권은 1993년부터 사용되기 시작했으며, 특별한 절차 없이 미국달러를 제시하고 은행에서 환전할 수 있다. 베트남 동화를 미국달러화로 재환전하는 것은 어려우므로 필요한 만큼 환전하는 것이 좋다. 표준경선 105°E로서 영국 그리니치 보다 7시간 빠르며 우리나라 보다 2시간이 늦다.

베트남에서는 전통 베트남 수공예품과 값싼 의류를 구입할 수 있다. 여성이라면 베트남을 방문한 기념품으로 아오자이를 구입하는 것도 좋다. 자신이 원하는 디자인에 따라 빠르고 값싸게 옷을 재단해 주는 양품점을 이용하면 마음에 드는 옷을 마련할 수 있으나 기성복의 경우는 베트남인의 체형이 우리보다 작으므로 반드시 입어 보아야 한다. 호텔로비 상점과 백화점에서 보석 상자나 상아와 대나무로 만든 전통수공예품을 구입할 수 있다. 하노이 돈수앙(Dong Xuan) 시장에서는 작은 양탄자나 고리세공업자들이 만든 제품을 구입할 수 있으며, 거리의 뒤쪽은 포장도로를 따라 보따리 장사들이 상어알, 프랑스식 와인과 샴페인, 러시아 보드카 등을 저렴한 가격으로 판매한다. 호치민은 미스사이공 쇼핑센터(Miss Saigon Shopping Plaza)을 비롯하여 벤탄 마켓(Ben Thanh Market)과 돈커이 마켓(Don Khoi Market)이 유명하다. 벤탄 마켓은 호치민에서 가장 큰 시장으로 우리나라의 남대문과 동대문시장을 연상하면 된다. 돈커이 마켓(Don Khoi Market)은 칠기, 세라믹, 자수 제품들을 구입할 수 있다.

베트남 요리는 매우 다양하며 박쥐, 코브라 및 천산갑 등 까지 요리의 재료로 만들어지며 거의 500여 개에 달하는 전통요리가 있다. 주식은 갖은 야채, 고기, 생선, 양념 및 소스 등에 흰쌀을 섞어 만든 요리이다. 증기로 찐 쌀 팬케이크와 뱀장어와 국수, 닭고기, 쓴맛의 소스가 들어가 있는 수프는 간단히 요기할 수 있는 음식으로 유명하다. 녹색 드래곤 과일, 주줍, 크하키, 롱간, 망고스틴, 포멜로 등의 열대과실과 씨앗이 3개인 체리 등을 맛볼 수 있다. 베트남 커피도 마실 만하다.

▲ 망고스틴, 쌀국수

3 대표도시

1) 하노이(Hanoi)

하내(河內) 즉, 강 안쪽의 도시란 뜻으로 1976년 통일 이후 현 베트남 사회주의 인민공화국의 수도이다. 하노이는 천년 역사를 지닌 고도에 걸맞게 유서 깊은 사찰, 식민지 풍 교회나 건물, 좁고 아기자기한 골목 그리고 포장마차와 가게들이 몰려 있는 거리풍경이 운치가 있는 곳이다. 남부 베트남의 호치민이 경제의 중심지라면 하노이는 명실상부한 정치의 중심지이다. 활기가 넘치는 호치민과 비교하면서, 하노이를 여행하면 조용하고 아늑한 분위기에 매력을 느낄 것이다.

▲ 트란 쿠크 탑

2) 닌빈 호아루(Ninh Binh Hoa Lu)

'육지의 하롱베이'로 불리며, 하노이에서 남쪽으로 약93㎞(1시간40분) 거리에 자리 잡고 있는 절경이다. 이곳은 10C(968년) 베트남 봉건왕조의 첫 도읍지였으며, AD 968년부터 1009년까지 12년 동안 딘(Dinh) 왕조, 나머지 1036년까지 29년 동안 레다이한(Le Dai Hanh) 왕부터 시작되는 레(Le) 왕조의 도읍이었다. 리타이토

왕이 탕롱으로 도읍을 옮긴 후, 호아 루의 수많은 문화재들은 파괴되거나 훼손되었으며, 왕궁 터에 2개의 사원이 보존되어 있다. 딘킨사원과 린킨사원은 각각 딘왕과 레왕에 헌납된 사원으로 지금도 매년 음력 3월 10일 두 왕을 기리는 의식이 치러지고 있다.

3) 땀꼽(Tom Coc, Tam Coc)

▲ 땀꼽

4) 하롱베이(Halong Bay)

하롱베이 국립공원(Halong Bay National Park)은 영화 「인도차이나」와 로빈 윌리엄스의 「굿모닝 베트남」의 촬영 배경으로 유명하다. 이곳은 베트남에서 가장 아름다운 국립공원으로 총면적 1,553㎢를 차지한다. 하롱(Halong, 下龍)이라는 말은 '용(龍)이

▲ 하롱베이

바다로 내려왔다'는 것을 의미하며, 전설에 의하면, 한 무리의 용들이 외세침략으로부터 베트남인들을 구했고, 침략자들과 싸우기 위해 내뱉은 보석들이 섬이 되었다고 한다. 1994년 유네스코에 의해 세계유산으로 지정되었다.

5) 호치민(Ho Chi Minh)

과거 사이공으로 잘 알려져 있고 남부베트남의 수도였다. 베트남의 지도자 호치민의 이름을 따서 새롭게 정비되었으며, 총면적 2,029㎢로 서울 면적의 3배에 해당하는 베트남에서 가장 큰 도시이다. 호치민시는 12개의 도시 지역구와 6개의 농촌지역구로 나누어서 있다. 특히, 사이공 지역은 월남전 당시 미군장교클럽이 있던 렉스 호텔을 중심으로 형성된 지역이고, 촐롱 지역은 차이나타운으로 부가 집중된 곳, 탄빈 지역은 사이공 북부의 외곽지역, 구찌 지역은 사이공의 북서쪽 외곽지역으로 땅굴과 카오타이교의 본산으로 유명하다.

▲ 빈응엄파고다

6) 붕따우(Vung Tau)

붕타우는 삼면이 바다로 둘러싸여 아름다운 해변이 펼쳐지는 베트남 남부 휴양도시이다. 프랑스 점령 당시 관문적인 역할을 했으며, 오스트레일리아와 미국 사업가들을 위한 교역중심지 역할을 하였다. 붕타우는 총면적 249㎢에 신 붕타우와 구 붕타우 2개 지역으로 나누며, 붕타우 왼쪽 해안은 프랑스 식민지 때부터 '동양의 진주'로 알려졌다. 이 해안은 바이다우(Bai Kau, 스트로우베리 해변)와 바이 쭈옥(Bai Truoc)으로 나눈다. 바이다우는 백(뒤) 비치(Back Beach, Bai Sau)로 소나무침엽수림이 둘러싸여 있으며 내국인이 다수 이용하고 있다. 바이 쭈옥은 프론트 비치(Front Beach, Bai Truoc)로 시내에 인접하여 백사장 발달이 미약하지만 관광객들이 많이 찾는다.

7) 다낭(Da Nang)

호치민에서 972㎞ 떨어져 있는 베트남 중부 최대도시이다. 호치민과 하노이지역 영향권에서 멀리 떨어져 인도의 영향을 받은 독자적 문화가 형성되었으며, 천혜의 항만조건, 내륙을 통한 라오스와 태국과 용이한 연결조건 등이 지역 발달을 촉진하였다. 개방과 더불어 중부지방 공업발달을 선도하고 있고, 참 박물관(Cham Museum), 카오다이교사원 및 대리석산(Marble Mountain) 등이 자리 잡고 있다.

▲ 바나힐

8) 후에(Hue)

▲ 후에성

하노이에서 660㎞, 호치민에서 1,080㎞, 다낭에서 108㎞ 떨어져 있으며 베트남의 최대 쌀 생산지로 붉은 빛을 띠는 델타강과 메콩델타의 거점이 되고 있다. 후에라는 명칭은 투안 호아(Thuan Hoa)에서 'Hoa'를 프랑스인이 잘못 발음함으로써 얻게 되었으며, 베트남에서 가장 잘 알려진 고대 수도의 이름이다. 역사지구는 1993년 유네스코 세계 문화유산으로 지정되었다.

4 매너 및 예절

한국군과의 교전(1964~1973), 라이따이한(한국인과 현지인의 2세)의 방치로 인한 불편한 감정과 한국의 농촌개발과 산업화 정책에 대한 호감 등이 교차하나 경제적 실리를 위해 개방적인 도이모이 정책을 펼치며 내색 않고 한국과의 교류를 확대하고 있다. 유교의 영향을 받아 한국과 유사한 전통예절을 갖고 있으며 경로사상 등은 한국보다 강하고 도덕과 윤리, 예절을 중시하며 사회주의 국가인 만큼 평등의식이 강하다. 오랜 전쟁으로 인하여 남(호치민, 구 사이공)과 북(하노이)의 지역감정이 심각하다.

1945년의 혁명 이전 세대의 북부 여성들은 자기 전에 독특한 성분이 있는 나뭇잎을 한 달 여 동안 붙여서 치아를 까맣게 '흑치'로 만들어 외국인들로부터 자신을 보호했다. 남녀의 평등의식이 강해서 여성의 사회참여가 활발하며 교육열 또한 높다. 마을 중앙에 공동묘지가 있을 정도로 조상숭배가 극진하다. 집안의 높은 곳에 조상을 모신 '반터'가 있다. 가정을 방문하게 될 때는 '반터'에 잠깐 목례하는 것이 예의이다.

체면을 중시하고 자존심이 강해서 사과 대신에 변명을 많이 한다. '9'자를 좋아하고 '3, 13'을 액운의 숫자라고 생각하며, 5도 '위험'이라는 말과 비슷해서 기피하는 숫자이다. '3, 5'가 들어간 날에는 이사, 결혼 등의 중요한 일을 하지 않는다. 교통사고의 책임은 배기량 순으로 대형차의 잘못이 크다고 판정한다.

▲ 반미

프랑스 식민지(1859~1954)의 영향으로 베트남 커피와 바게트 빵을 먹기도 한다. 불교국가지만 모든 육식을 즐기며 음식의 재료가 다양해서 개고기, 뱀, 박쥐 등 500여종에 이른다. 개고기는 보름~그믐사이에만 먹는다. 음식은 음식 강국(중국, 프랑스)의 지배과정에서 영향을 받아 발전했다. 젓가락으로 식사하며 숟가락은 국을 마실 때만 사용한다. 식사를 마친 후에는 밥그릇 위에 가지런히 얹으며, 숟가락은 엎어 놓는다. 따뜻한 차를 즐기며, 음식을 남기는 것이 예의이다. 밥그릇을 입에 대고 맛있다는 듯이 소리를 내며 먹는 것이 매너이다. 탄 밥은 불길함으로 인식하여 기피하며 이쑤시개를 하나만 건네는 것은 결례이다. 음주와 관련해서는 중국의 영향을 받아 첨잔 문화이며 편안하게 즐긴다. 담배, 맥주, 커피는 베트남 남자들의 3대 기호품이다. 흡연에 관대하며 어른과도 맞담배를 한다.

타인의 어깨에 손대지 않도록 주의한다. 수호신이 어깨에 머문다고 믿는다. 전통적인 풍속, 관습에 위배되는 집회나 노상의 찬송가 합창, 베트남인을 대상으로 한 선교 · 전도 행위는 절대 금지하며 발각 시에는 즉시 추방된다. 상대를 모욕하거나 현지인과 시비에 말려들지 않도록 한다. 법보다 민족의식이 강하며 세상에서 가장 거친 폭력조직은 마피아, 야쿠자, 삼합회가 아닌 '베트남 갱'이다.

중앙선이 없는 도로가 많다. 오토바이와 자전거가 붐비고 가로등이 없는 경우가 많아서 오토바이 교통사고가 빈발하며 월 1,000명 이상이 오토바이 교통사고로 사망한다. 공항이나 호텔에서도 분실에 주의해야 한다. 하노이 공항의 경우도 탑승객보다 많은 전송객·환영객으로 혼잡이 극심하다. 모든 것이 흥정의 대상이며 외국인에게는 이중 요금제가 적용된다. 외국인 남성과 동행하다가 '창녀'로 오인 받고 모욕을 당할 수 있는바 주의한다.

TIP 여행시 주의해야 할 작은 상식

- 숙박은 호텔 등급이 별도로 표시되지 않아 가격을 보고 등급을 판단해야 한다.
- 전압은 220V를 사용한다.
- 베트남의 수돗물은 석회분이 많이 들어 있으므로 필히 끓인 물이나 미네랄워터를 구입해 마시는 것이 좋다.
- 베트남에서는 모든 것이 흥정의 대상이다. 또한 이중요금제 적용으로 외국인에게는 2~3배의 요금이 적용되지만, 즐기면서 응하는 것이 바람직하다.
- 돈을 달라고 손을 내미는 꼬마들에게 과자를 주는 선심을 베풀면 이들에게 순식간에 포위를 당하므로 주의가 필요하다.

사례연구 베트남의 식습관

- 동물의 젖이 과거 서구 목초문화에서 크게 애용되었던데 반해 베트남인들에게는 동물의 배설물로 여겨져 어떠한 형태로도 식용된 적이 없다는 것 등이다.

- 베트남 요리는 성찬이며 축제의 종류에 따라 서로 다른 음식물을 준비하는 의식적인 성격을 가지고 있다. 육류나 기타 음식들은 식사 중에 자르는 것이 아니라 이미 요리 과정에서 잘려지므로 식탁에서 포크는 필요없다. 대신 이들은 식탁에서 질그릇과 숟가락, 그리고 나무, 상아나 은으로 된 젓가락을 사용한다.

- 베트남인들의 식습관은 공동생활의 특징을 잘 나타내 주고 있다. 그들은 여러 사람이 같이 먹을 수 있도록 음식을 커다란 그릇에 담아 식탁 위에 놓고 공동으로 먹는다. 이들은 밥그릇을 항상 손바닥 위에 올려놓고 식사를 한다. 이는 밥그릇을 식탁에 놓고 숟가락으로 떠서 먹는 우리의 밥 먹는 습관과는 다소 차이가 있다. 젓가락은 육류, 생선 또는 야채를 집어서 밥 위에 올려놓는 데도 쓰인다. 반면 숟가락은 국을 먹는 데만 사용한다. 식탁 위의 숟가락은 반드시 엎어 놓아야 한다.

- 베트남인들은 찬물은 거의 마시지 않는데 이는 뜨거운 차를 즐겨 마시는 것을 좋아하기 때문이며, 특별한 다도는 있지 않다. 시베리아 지역이나 북극 지대에 사는 이누이트 또는 말레이시아 등에서 볼 수 있듯 빨대를 꽂아서 술을 마시는 풍습을 이곳에서도 볼 수 있는데, 이는 소수민족이 의식을 행할 때가 그때이다.

- 술을 마실 때 베트남인들은 상대방에게 술잔을 돌리는 법이 없다. 하지만 맥주나 순한 술을 즐기는 베트남인들은 상대방의 잔을 비지 않게 계속 채워 주는 것을 잊지 않는다.

(출처 : [네이버 지식백과] 베트남
(글로벌시대의 음식과 문화, 2006. 7. 30., 우문호, 엄원대, 김경환, 권상일, 우기호, 변태수
https://terms.naver.com/entry.nhn?docId=2805391&cid=42807&categoryId=55604)

함께 생각해 봅시다

베트남에서는 커피나무를 1857년부터 재배하였다. 베트남인들은 매우 진한 커피를 마시기도 한다. 몇 년전 우연히 베트남에서 가공 및 제조하여 판매하는 인스턴트 원두커피 "G7"을 맛본 적이 있다. 국내 설탕이 들어간 스틱커피와 다른 맛이 났으며 지금도 베트남 커피를 즐기고 있다. 이러한 커피는 베트남 수출품의 중요한 부분을 차지하고 있고 베트남을 생각할 때 마다 머릿속에 들어가는 기호품이기도 하다. 우리나라를 방문하고 있는 외국인에게 우리나라 전통 음식외에 추천하고 싶은 것은 무엇이고 이유는 무엇인가?

7장

아시아 문화의 이해(2)

싱가포르(SINGAPORE)

수도	싱가포르(Singapore)	언어	중국어, 영어, 말레이어, 타밀어
면적	692.7㎢	종교	불교(42.5%), 이슬람교(14.9%), 도교(8.5%)
위치	동남아시아, 말레이시아와 인도네시아 사이의 섬	기후	열대성 (연중 고온 다습)
인구	579만 명	화폐	싱가포르 달러 (S$)
민족	중국계(Chinese, 77.5%), 말레이계(Malay, 14.2%), 인도계	1인당 GDP	63,990 $ (IMF 2019년 기준)

1 도시국가의 탄생

싱가포르(Singapore)는 그린 & 크린 시티 혹은 사자의 도시로 불리며, 작은 도시국가에 어울리지 않게 다채롭고 풍요로운 문화감각을 지니고 있다. 싱가포르란 지명은 14세기경 수마트라 섬의 한 왕자가 이곳을 방문하였다가 이상한 동물을 보고 사자로 오인하면서 싱가 푸라 (Singa Pura), 즉 사자의 도시로 불리게 됐다는 전설이 내려왔다. 이를 다시 영국인들이 '싱가포르'로 발음하여 오늘날의 지명으로 정착했다. 그 이전에는 바다 마을이란 뜻의 테마색'(Temasek : Sea Town)으로도 불렸다.

싱가포르는 잘 정돈되어 있고 깨끗하게 꾸며진 사회로 효율성과 청결한 지역으로 손꼽을 수 있다. 국민들은 친절하고 예의바르며 싱가포르 정부의 가부장적 통치방식을 잘 받아들여 동양적 사상이 발현된 이상적 도시를 운영하고 있다. 관습의 전시장이라고 부를 만큼 법률과 규정이 매우 많고, 싱가포르 공무원들은 매우 엄격하게 법을 집행한다.

12세기 수마트라 섬 출신의 왕족에 의하여 건설되었고, 이 일대의 해상권을 장악, 왕래하는 선박을 제압하며 상업적으로 대단한 번영을 누렸다. 그 후 14세기 무렵에 싱가포르는 스리비얀(Sri Vijayan) 제국의 일부가 되면서 '해상도시', 즉 테마색(Temasek)으로 알려졌다. 15세기 초에는 말라카 제국의 일부가 되었고, 16세기에는 포르투갈 과 이어 17세기에는 네덜란드인들에게 지배를 받았다. 1819년 영국령 동인도회사의 행정관 스탬포드 래플즈(Stamford Raffles)경이 싱가포르를 무역항으로 개발하여 영국의 동

▲ 싱가포르 도시

남아시아 식민 활동 중심지 역할을 담당하게 하였다. 1832년 싱가포르는 영국령 말라카 해협 식민지의 행정중심지가 되었으며, 1870년 수에즈 운하 개통과 함께 중요한 위치를 차지하였다.

싱가포르는 말레이 반도의 주석과 고무의 수요증가에 따라 말레이 반도의 수출항으로 성장하였다. 1965년 말레이시아 연방의 말레이시아인 우대정책과 이광요(李光耀) 를 당수로 하는 인민행동당의 인종 차별로 인하여, 말레이시아 연방의 라만 정권은 싱가포르를 분리하기로 결정하였다. 8월 9일 싱가포르는 말레이시아로부터 완전히 독립하게 되었고 이광요(李光耀) 수상의 지도로 경제 대국이 되었다. 그로부터 20세기 후반까지 경제가 급속도로 발전해 1인당 국민소득이 동남아시아 국가 중 가장 높아졌다. 영국이 1971년 싱가포르에서 군대를 철수시킴으로서 싱가포르는 동남아시아 국가 연합(ASEAN)에서 중심세력으로 성장하게 되었다.

2 싱가포르 문화 발전의 특성

싱가포르의 기후는 열대성 기후로 고온다습하며 낮 평균 최고기온은 32℃, 저녁 평균기온은 24℃로 일교차와 연교차가 적은편이며, 계절의 구분은 없고, 건기(3월~8월)와 우기(9월~2월)만 있을 뿐이다. 싱가포르의 강수 형태는 열대성 스콜로 매우 세차게 내리며 대개 30분 이내에 그친다. 싱가포르의 이러한 기후는 일광욕, 수영, 요트경기 그리고 기타 수상 스포츠를 즐기기에 적합하다. 건물 안이나 공공시설은 에어컨 시설이 완벽해 오히려 얇은 가디건 같은 겉옷이 필요하다. 시차는 우리나라보다 1시간이 늦다. 연중 여름이며 습도가 높아 후덥지근하므로 땀 흡수가 잘되는 여름옷을 준비한다. 일반적으로 복장에는 까다롭지 않으므로 셔츠차림이 적당하고 냉방을 대비하여 조끼나 얇은 긴소매셔츠를 준비하는 것이 좋다.

싱가포르가 다민족 국가인 것처럼 종교 역시 다종교이다. 헌법에도 국민의 종교 자유라고 제정되어 있다. 말레이인의 99%가 회교도이며 중국인의 경우 도교 37%, 불교 34%이고 아시아인과 유럽인의 혼혈인 유라시안들은 61%가 기독교 신자이다. 인도인들은 힌두교가 57%이고 회교가 22%, 기독교 신자가 12%이다. 또한 전체 13%를 차지하는 무종교자인 사람은 학력이 높은 사람이 많은 것으로 나타났다.

통화단위는 미국달러, 말레이시아 달러와 구분하기 위해 S$(싱가포르 달러), S₵ (싱가포르 센트), 1S$=100센트로 구분하고, 통화종류는 지폐 2S$, 5S$, 10S$, 50S$, 100S$, 500S$, 1000S$로 7개 종류이며, 동전은 1S₵, 5S₵, 10S₵, 20S₵, 50S₵, 100S$로 6개 종류로 구성되어 있다.

싱가포르의 음식축제는 전 세계적으로도 유명한 축제 중의 하나이다. 싱가포르 지방음식을 비롯하여 국제적으로 널리 알려진 음식에 이르기까지 다양하게 준비되어 있어 각각 다른 개성과 취향을 가진 사람들을 동시에 만족시켜 줄 수 있다. 행사기간 동안, 각종 이벤트가 동시에 열리므로 관광객들에게 흥겨운 축제와 함께 쇼핑도 하고 음식도 맛볼 수 있는 기회를 준다.

싱가포르는 다양한 민족이 살고 있어 중국, 인도, 말레이시아 음식 등 아시아의 모든 음식을 맛 볼 수 있을 정도로 다양한 음식들이 있다. 싱가포르 전체 인구의 약 77%가 중국인들로 구성되어 중국음식이 주종을 이루고 있으며, 광동성 요리는 종류가 다양하고, 매운 사천성 요리, 세련된 북경요리를 맛볼 수 있다. 남부 인도인들이 경영하는 식당은 매운 향료를 넣은 음식을 맛 볼 수 있고, 말레이시아 요리인 논야 요리는 말레이와 중국식 요리가 혼합된 요리로서 두 나라 조리법이 잘 조화되어 있다.

락사, 칠리크랩

특히 싱가포르를 대표하는 머라이언은 머리는 사자이며 몸통은 물고기인데 젊은 나라인 싱가포르의 발전과 성장을 의미하는 상징으로서 센토사섬과 싱가포르 강 입구에 세워져 있다.

3 대표지역

1) 센토사 섬

싱가포르 시내에서 자동차편으로 쉽게 접근이 가능하며 500m의 코우즈웨이 다리를 건너거나 무역센터에서 케이블카 혹은 페리로 이동할 수 있다. 섬에 들어가면 에어컨 시설이 된 버스와 모노레일 및 해변기차가 각 노선별로 운영되고 있다.

싱가포르 케이블카(Singapore Cable Car), 센토사 오키드 가든(Sentosa Orchid Garden), 언더워터월드(Underwater World), 음악분수(Musical Fountain), 마리타임 뮤지엄(박물관), 판타지 아일랜드(Fatasy Island), 볼케이노랜드(Volcano Land), 아시안 빌리지(Asian Village), 실로소 요새(Fort Siloso), 이미지 오브 싱가포르(Image of Singapore) 등이 센토사섬 안에 있다.

2) 동식물 공원

주롱 새 공원(Jurong Bird Park), 주롱 악어 공원(Jurong Crocodile Paradise), 싱가포르 동물원(Singapore Zoological Gardens), 국립식물원(Botanic Garden) 등이 있다.

3) 기타지역

(1) 차이나 타운(Chinatown, 탄종파가)

차이나타운에 있는 매점들은 다양한 물품을 전시하고 있으며 때로는 관광객들에게 이상한 느낌을 주는 것들도 있다. 나무로 만든 나막신, 초를 입힌 우산, 도자기, 식기 및 비취 같은 중국 물품을 흥정하여 싸게 살 수도 있다.

(2) 아랍 스트리트(Arab Street)

아랍 스트리트는 1800년대의 아랍상인이 커피·사금·향료·진주를 거래하면서 차이나타운 탄종파가 오늘날과 같은 상업중심지로 번성하게 한 곳이다. 인도네시아 바틱, 페르시아 양탄자, 인도 실크, 중동의 장식품과 골동품 및 세계 각국의 물건들이 아랍 스트리트의 중간상인과 상점 주인을 통해 팔린다.

(3) 리틀 인디아(Little India)

리틀 인디아에는 향료냄새가 물씬 풍기는 거리로 은그릇, 동그릇, 전통보석, 인도의 전통의상인 실크 사리가 관광객을 유혹한다. 힌두교축제 디파밸리 기간에 초대형 센터에서 작은 가게에 이르기까지 상인들로 북적대고 화려한 점등행사가 펼쳐진다.

(4) 말레이 마을(Malay Village)

말레이 마을은 싱가포르에 존재하는 말레이 사회의 생동감 넘치는 문화전시관이다. 게랑 세라이의 말레이구역 중심의 낮은 언덕 마을에서 말레이 요리와 예술, 수공예품을 전시한 레스토랑과 상점을 만날 수 있다. 기념품, 골동품, 서화, 의복 및 장식품을 만날 수 있다.

(4) 클락 키(Clarky Quay)와 보트 키(Boat Quay)

싱가포르의 두 번째 총독이었던 앤드류 클락경의 이름을 따온 곳이다. 중국과 유럽의 상인들이 한데 어우러져 독특한 상권을 이루었던 곳으로 유명하다. 싱가포르 강을 끼고 분위기 있게 늘어선 이 곳의 50여 개의 상점들과 30여 곳의 식당들은 이곳만의 낭만을 연출하고 있으며, 저녁에는 테마 펍(Pub)과 바에서 전통 록과 하드록, 블루스 및 1960년대의 음악 등이 되살아 난다.

4 매너 및 예절

업무상 만남이 있을 경우 상대방에 대한 직함을 부르는 것이 원칙이며, 모를 경우에는 Mr 또는 Mrs 뒤에 성을 붙여 호칭하면 된다. 만약 거래회사에서 식사 초대를 했을 경우에 주저 없이 승낙하는 것이 좋다. 그 이유는 싱가포르인들은 개인적인 만남을 중요시 여기고 있기 때문이다. 회교사원, 개인가정, 인도사원을 방문할 경우 들어가기 전에 신발을 벗고 들어가는 것이 예의이다. 어린아이가 귀엽다고 머리를 만지면 안 된다. 그리고 왼손으로 식사하거나 사람 접촉을 해서는 안 된다. 정치·제도·종교 관련 화제는 삼가는 것이 좋다. 말레이계는 전통적으로 성이 없고, 무슬림들은 본인 이름 다음에 'bin(~의아들) + 아버지의 이름'을 사용해서 'Osman bin Ali(알리의 아들 오스만)'이 된다.

차량은 좌측통행을 하므로 보행 시에 주의해야 한다. 도로가 협소한 편인데 과속·난폭 운전이 많으므로 주의해야 한다. 오차드 로드의 경우 택시정류장에서만 탑승이 가능하다. 관광객 밀집지역에는 사복경찰이 배치된 경우가 많다. 국민개병 제를 실시하여 남성들은 고교졸업 후 24개월 복무 의무를 갖는다. 모기가 없는 나라로 유명하다. 양돈을 금지하며 관련식품은 전량 수입한다. 전담 관리팀 500여 부서가 모기 서식 우려지역, 영업장, 가정 방문을 시행하며 철저히 감독한다.

사형 집행률 이 세계 최고수준인 나라의 국민이지만 국민들은 사형보다 태형을 두려워한다. 공공기물을 파손하거나 훼손하는 행위, 장물 보관행위, 강간 등 파렴치범의 경우에는 '태형'을 실시한다. 공공기관, 공중 시설, 냉방장치가 되어 있는 실내에서는 금연이며 적발되면 싱가포르달러 1,000$의 벌금이 부과된다. 공공장소에서 침을 뱉는 행위도 초범인 경우 싱가포르달러 1,000$, 재범은 2,000$의 벌금이 부과된다. 무단 횡단의 경우 500$, 화장실을 사용하고 물을 내리지 않을 경우 초범은 150$, 재범은 500$, 그 이상은 1,000$의 벌금이 부과된다. 도박은 자선 복권과 토토, 경마만 허용된다. 마약 소지·거래자는 사형이며 복용자 는 의무감호 조치를 받는다. 껌의 수입·제조·판매·사용·소지를 금지한다.

소수의 엘리트가 사회를 선도하는 엘리트주의 국가이다. 체면을 중시하며 약속 시간에 늦는 것을 모욕이라고 생각한다. 5층 이상의 건축물은 같은 모양으로 건축하는 것을 금지한다. 손으로 음식물을 집어 먹는 것은 피하는 것이 좋다. 싱가포르에 주재하는 외국 공관 건물을 촬영하면 구속 대상이다. 왼손으로 식사를 하거나 사람 접촉을 해서는 안 된다. 구정에는 만다린 오렌지를 짝수로 선물하며 축하하는 관습이 있다. 여성의 사회 참여가 많고, 여성을 존중하는 사회이다. 여성의 보육을 지원하기 위해 국가에서 외국인 가정부를 알선하고, 비용을 지원한다.

MRT 역 구내에는 음료자판기가 없다. 역과 열차 내에서 흡연은 물론 취식도 금지하며 적발 시에 벌금이 부과된다. 걸으면서 담배를 피우는 것은 벌금 부과 대상이며, 야외에서도 담배는 아무데서나 피울 수 없고, 쓰레기통 옆에서만 피울 수 있다. 싱가포르 국민들은 술, 담배를 좋아하지 않으므로 권하지 않는 것이 좋다.

식당이나 술집 등에서 여성 손님은 물론 종업원이라 해도 빤히 바라보거나 동료와 수근 거리다가 신고당하면 벌금부과의 대상이 된다. 직접 적발되지 않고 목격자 신고로도 처벌 및 벌금을 부과할 수 있다. 성문제를 화제로 삼으면 하류계층 사람이라며 무시한다. 차내에서의 취식·흡연을 금하며 애완동물을 데리고 대중교통을 이용할 수 없으며 자가용도 마찬가지이다. 차 내에서 라디오나 카세트를 크게 트는 것도 위법이며 입국 때 술·담배를 소지하고도 부인하다 적발되면 엄한 처벌을 받는다. 거리공연

모금은 구걸행위로 간주하여 금지한다. 매년 '거리공연 축제'라는 오디션을 통해 3개월 공연 허가증을 발급하며 비용을 제외한 수익금은 단체에 기부하는 조건이다.

아주 친하지 않은 이상 선물을 하지 않는 것이 좋다. 공무원과 접촉 시에 사례금, 뇌물을 제공하는 것을 금한다. 뇌물을 엄단하는 사회이다. 상대의 체면을 고려하여 선물을 상대 앞에서 직접 풀지 않는다.

▲ 싱가포르 도시

터키(TURKEY)

수도	앙카라(Ankara)	언어	터키(Turkish, 90%), 쿠르드어(Kurdish) 및 아랍어(Arabic, 10%)
면적	77만 9천㎢	종교	이슬람(수니파 99%)
위치	아시아 대륙 서쪽	기후	해안 : 지중해성 내륙 : 대륙성
인구	8,270만 명	화폐	터키 리라(TL)
민족	터키계(75%), 쿠르드계(19%), 기타(6%)	1인당 GDP	8,960 $ (IMF 2019년 기준)

1 아시아와 유럽의 만남

▲ 성 소피아 성당

터키는 유럽과 아시아의 교차로에 위치해 있으며, 삼면이 흑해와 에게해 그리고 지중해로 둘러싸인 아름다운 반도국가 중의 하나이다. 특히 터키는 고대 히타이트 문명을 시작으로 그리스, 페르시아, 알렉산더대왕의 마케도니아, 로마, 비잔틴 및 오스만투르크 제국의 문명이 명멸했던 곳으로 헤아릴 수 없이 많은 고대유적이 분포하고 있다.

터키는 아시아, 유럽, 아프리카를 연결하는 교두보로 지정학적으로 중요한 위치에 자리 잡고 있으며, 지리적 및 종교적 그리고 최근에 들어 군사적으로 매우 중요한 역할을 담당해 왔다. 면적의 3%는 유럽에, 97%는 아시아에 속해 있기에 '이스탄불'은 세계에서 유일하게 2개 대륙이 같은 도시 안에 있는 아름다운 곳이며, 군사, 종교, 상업, 문화적으로 세계 역사의 초점이 되어 왔고 세계 최대의 관광도시로 발전하고 있다. 사실 터키는 97%의 아시아보다는 3%의 유럽에 더 관심을 갖고 있지만, 그로 인해 만들어지는 그 신비한 분위기는 서양의 것도, 동양의 것도 아닌 터키만의 매력이다. 오스만투르크 제국에 의해 자행된 기독교문화 말살정책이 긴 세월에 의해 파괴되어 묻혔던 덧칠한 회벽에서 다시 드러난 성화처럼 전혀 다른 색의 문화를 동시에 느낄 수 있는 현재 터키의 모습이 바로 동·서양의 만남을 상징하는 것이다.

2 함맘(터키탕) 유래로 본 터키 문화의 발전역사

1) 터키탕의 유래

아랍인들은 항상 모래바람을 맞으며 살아왔으므로, 몸의 청결은 생존의 필수조건이었다. 또한 그들의 삶이란 원거리 무역형태인 캐러밴(대상)으로 상징되는 이동문화였기 때문에 이동에서 오는 피로를 풀기 위한 시설이 필요했다. 이런 배경에서 아랍 식 목욕탕인 '함맘' (Ham-Mam)이 발달하였다.

전통 이슬람 도시에는 수크(시장) 와 칸(여관) 그리고 함맘 (Ham-Mam)은 반드시 갖추어져 있었다. 외관은 대리석 벽돌로 지어져 견고하고 내부에는 넓은 탈의실과 휴게실이 있었다. 일단 함맘에 들어가면 먼저 탈의실에서 페쉬타말(Pestamal)이라고 하는 천을 두른다. 그 이유는 터키에서 아무리 남자끼리 라도 서로의 완전한 알몸을 보여주는 것을 꺼리기 때문이다. 이곳에선 손님이 원하면 비누칠이나 지압을 해주며, 지압법은 특이하면서 피로를 풀어주는데 효과가 있다.

함맘은 이처럼 오랜 역사를 지니고 아랍 이슬람문화의 상징이 되어 왔으며 과거 제국시대나 지금이나 해괴하지도 음란하지도 않은 깨끗하고 건전한 휴식 공간이며, 생의 활력을 재충전하는 사막속의 공중목욕탕일 뿐이다.

우리가 흔히 '터키탕'이라고 알고 있는 터키의 목욕문화는 우리나라에 잘못 전해준 일본사람들의 상업적 그리고 퇴폐적인 목적으로 자행된 일종의 다른 나라 문화에 대한 만행이라 할 수 있다. 그리고 터키대사관에서 한국정부에 정식으로 이 '터키탕'이라는 이름에 대한 정정을 요구해 지금은 터키탕이라는 용어 대신 '증기탕'으로 바꿨다.

2) 위치의 특수성

▲ 오스만 제국 이슬람 사원

터키 국토의 대부분을 구성하고 있는 아나톨리아 반도는 유라시아 대륙을 동서남북으로 연계하는 교통과 문화의 중심 역할을 하였다.

터키의 기후는 지중해 연안과 흑해연안은 지중해성 기후, 내륙은 건조 기후적 특징으로 인해 건조하고 일교차가 심하여 하루에 4가지 기후를 경험할 수 있다고 한다. 봄과 가을이 짧으며, 10월이 우기에 해당하고 평균기온 11.8℃(최저: −24.9℃, 최고: 40.0℃), 연평균 강우량 367㎜이지만, 대부분 지역이 연 강수량 500㎜ 미만이고, 증발량이 많고 반 건조초원과 사막 지역이 많다. 마르마라해, 에게해, 지중해 연안은 얇은 면소재의 여름옷을 준비하고, 밤에는 기온이 내려가므로 가디건을 준비하는 것이 좋다. 흑해연안, 중부 및 동부 아나톨리아는 여름옷이 필요하며, 고지대에서는 밤에 기온이 내려가므로 따뜻한 옷이 필요하다. 유적을 돌아보려면 편한 신발이 필요하며, 여름에는 모자와 선글라스를 지참하는 것이 좋다. 여성이 모스크를 방문할 경우에는 스카프가 필요하다.

터키에서의 인구의 99%가 수니파 이슬람교를 믿고 있다. 비 무슬림 소수 민족들은 기독교인과 유태인으로 구별되고, 이들의 대부분은 조상으로부터 물려받은 종교를 믿으며 이스탄불, 앙카라, 이즈미르 등지에 거주한다.

터키 특산품으로는 수제품 카펫, 가죽제품, 스카프, 마노(瑪瑙) 가공품 및 동제품 등을 들 수 있다. 터키 카

펫은 페르시아 카펫과 매듭을 매는 방법에서 구별되며, 이스탄불 부근에서 생산되는 실크 카펫과 카이세리 지방에서 생산되는 양모 카펫이 유명하다. 카펫보다 저렴한 것으로 채색하거나 수를 놓은 킬림이란 것도 있고 앙고라 양모로 짠 것도 있다. 가죽제품은 코트, 재킷 및 벨트 등이 유명하며, 회교도 여자들이 얼굴을 가리는 데 사용하는 스카프로서 아름다운 꽃 모양의 수를 놓은 실크 스카프나 터키석으로 만든 목걸이나 반지 같은 장신구들도 유명하다. 카파도키아 지방에서 나오는 마노로 가공한 재떨이나 해포석으로 만든 담뱃대도 훌륭한 특산품이다. 해포석은 '바다의 거품'이란 뜻으로 아름답고 연한 흰색의 돌이다. 또한 손으로 두드려서 만든 동제품으로 교묘한 색깔과 복잡한 무늬를 가진 용기나 접시도 유명하다.

터키국민은 오스만제국의 영광에 대한 자부심이 강하며, 전통적으로 체면과 무예를 존중하고, 정열적이고 다혈질적인 면을 보이나 서두르지 않는 편이다. 처음 보는 사람과도 차를 마실 만큼 정감이 있으며, 길을 물어 보면 친절하게 가르쳐준다. 한국전쟁 참전과 월드컵 4강으로 맺은 인연으로 한국인에 대해 우호적 마음을 갖고 있다. 터키어는 한국어와 같은 우랄 알타이어족에 속하여 문장구성 순서, 모음조화, 어미활용 등에 있어서 동일한 법칙을 따르고 있는 점이 특징이다.

결혼 적령기는 남자 18세, 여자 15세이다. 결혼은 당사자들 간의 결정보다 두 집안이 결속 관계를 맺는 것으로 상징되기 때문에, 양가가 원해야 결혼이 성사된다. 그러나 이 과정은 일시적이고 일방적인 절차가 아니며, 결혼 전 서로에 대해 사전에 포도 따기, 포도주 만들기, 연초 재배 등으로 서로 왕래하면서 충분한 시간을 갖은 후 남자 측에서 여자에게 청혼한다.

터키의 전통음식은 세계적으로 유명하며, 항상 신선한 재료를 사용하므로 더욱 맛있는 요리를 접할 수 있다. 터키

▲ 케밥

인들은 아침은 빵 두 조각에 수프와 차를 마시는 정도로 간단하다. 차는 홍차맛과 비슷하지만, 끓이는 시간과 넣는 향료에 따라서 맛이 다르다. 대표적인 케밥(Kebab)은 고기를 꼬챙이에 끼워 불에 구운 것이며, 소, 양, 닭고기를 통째로 꼬챙이에 꿰어 즉석에서 바비큐 한 뒤 피타 브레드(Pita Bread)라는 얇은 빵에 싸먹는 음식이다. 섭조개 요리는 섭조개가 아닌 팔라프(밥에 고기, 새우를 넣고 버터로 볶은 음식)가 가득 들어 있으며 먹을 때 레몬 즙을 곁들여 먹는다.

▲ 전통차 차이

1923년 무스타파 케말 아타튀르크는 터키공화국을 건국하여 평화와 안정으로 비약적인 경제발전과 근대화를 실현하였다. 터키정부는 만성적 인플레이션을 계기로 2005년 1월 1일 1백만 리라를 1 신(新) 터키리라로 바꾸는 화폐개혁을 단행했다. 터키에서는 2005년 1월 1 일부터 화폐 액면단위가 현재보다 1/100만분로 바뀐 신화폐가 구(舊) 터키 리라와 함께 통용되고 있다. 이에 따라 구(舊) 100만 터키 리라는 신(新) 1 터키 리라로 바뀌게 되었으며, 달러당 140만 터키리라이던 환율도 달러당 1.4 신(新) 터키 리라로 바뀌었다. 구 리라는 2005년 말까지 신 화폐와 함께 사용되었다.

3 대표도시

1) 이스탄불

이스탄불은 아름다운 보스포러스 해협을 경계선으로 동서양으로 나누어져 있다. AD 330년 로마의 콘스탄티누스 황제가 이곳으로 수도를 옮겨 콘스탄티노플이라 불리게 되고, 1453년 돌궐족 오스만투르크가 정복하여 도시 이름을 이스탄불로 변경하였다. 이스탄불의 역사유적은 1985년 유네스코 세계문화유산으로 지정되었다.

▲ 메이든타워

▲ 이스탄불 시내

2) 쿠사다시

쿠사다시는 에게 해의 하얀 도시로 반달 모양의 만에 자리하고 있고 이즈미르에서 남쪽으로 90㎞ 떨어져 있으며, 고대 유적과 성지순례의 명소이다. 히에라폴리스(Hierapolis)와 파묵깔레(Pamukkale)는 BC 190년 페르가몬의 왕조였던 유메네스 2세에 의해 만들어진 로마시대의 온천지로서 AD 2, 3세기에 가장 번영했다. 파묵깔레는 히에라폴리스의 남쪽 경사부분으로 유명한 온천지대를 의미한다. 트로이(Troy)는 에게해에서 6㎞ 정도 떨어져 있으며, 스카만드로스강과 시모이스강이 있는 평야가 내려다보이는 히살리크 언덕 위에 자리 잡고 있다.

▲ 파묵깔레

▲ 히에라폴리스

3) 앙카라

앙카라(Ankara)는 터키 공화국의 수도로서 소아시아 반도의 동서와 남북을 연결하는 교차점에 위치하고 있다. 터키의 수도이지만, 공업화보다 문화적인 활동이 많은 도시로서 유명한 대학과 국립예술학교, 국립교향악단, 국립극장, 오페라 및 발

▲ 앙카라 성

레단의 근본이며 수많은 민간극장, 화랑, 도서관들이 앙카라 시민들의 문화생활을 윤택하게 해 주고 있다.

4) 우젠길리와 카파도키아

노아의 방주는 터키 동남부의 아라라트산 밑의 도우베아즛트(Dogubeyzit) 마을에서 이란 국경 쪽으로 5㎞ 가면 나오는 우젠길리 와 마샤르란 마을에서 발견되었다. 카파도티아는 터키 수도 앙카라에서 남쪽으로 300㎞ 가량 떨어진 곳에 위치하고 있다. 이곳은 마치 동화 속에서나 볼 수 있음직한 다양한 버섯 모양의 기암괴석으로 세계 어디에서도 보기 힘든 장관을 연출하고 있다.

▲ 카파도키아

4 매너 및 예절

가난을 경험한 적이 없는 풍요로움과 축복받은 기후라는 천혜의 조건에서 자란 탓에 '고진감래(苦盡甘來)' 의식이 없고, 행복지수가 높은 삶을 영위한다. 육류를 선호하며 해산물에는 관심이 없는 편이다. 팁 문화권으로 식당을 이용할 때는 지불하는 것이 필수이나 상대가 반복해서 거절할 때는 강요하지 않는다. 강권하면 호의에 대한 모욕으로 인식할 정도로 자존심이 강하다. 이스탄불, 앙카라 등의 대도시는 서양식 에티켓, 지방은 동양식 예절을 따른다. 사전약속이 있어야 상담이 가능하다. 매년 2회의 명절에는 친척 방문을 위한 대이동을 한다.

손님이 자신의 집에 방문을 하거나 초대를 했을 경우에는 예의를 갖추어 차를 대접하고, 코란의 교리와 순수한 마음으로 후하게 손님을 대접한다. 친근한 사이에는 악수를 한 후 양 볼을 맞대고 인사한다. 처음 만난 사이에서는 가벼운 포옹과 볼 키스를 한다. 몇 번 만난 후 '친구'라고 하면 신뢰가 높아진다. 속사정을 애기할 정도면 '카르데쉬(형제)'라고 부른다. 친근한 사이에는 악수 후에 포옹하며 양 볼을 맞대고 인사한다. 수차례 만났는데도 악수만 하는 것은 마음을 열지 않는 것이라고 인식한다. 손님이 방문하거나 손님을 초대했을 때, 예의를 갖추어 차를 대접하고 코란의 교리대로 후대하지 않는 것은 가문의 커다란 불명예라고 생각한다. 손님접대를 위해 대청소를 하며 풍성한 음식을 준비하고 여유있는 집은 손님에게 선물과 여비까지 준비한다. 방문자는 꽃이나 사탕, 과일 등을 준비한다. 특히 튤립은 상대에 대한 예의로 인식한다. 남성들은 술, 담배. 커피, 차 등을 선호한다. 물담배(나르길레)는 물을 끓인 후 숯불에 각종 향을 얹어, 연기를 마시는 기호품이다.

전통차 차이(Cay)는 천천히 마신다. 빨리 마시면 계속 부어준다. 그만 마시고 싶을 때는 차 수저를 반대로 눕혀 찻잔 위에 올려놓으면 되고, 반잔쯤 남겨두면 부어주지 않는다. 세계 3대 음식 강국으로 테이블 매너는 엄격하다. 저녁식사에 초대한 경우에는 풍성하게 음식을 준비하는데 남길 경우 큰 결례이다. 식사 중에는 대화를 많이 하는 편이며 먹을 때 소리를 내는 것은 결례가 된다. 음식에 코를 대고 냄새를 맡지 않고 음식을 식히기 위해 입으로 불지 않는다. 식당 테이블에 놓인 빵은 공짜인 경우가 대부분이다. 상대방 앞에 있는 빵을 먹지 않는다. 식사 중에 사망자나 환자에 대해 언급하지 않는다. 여성은 음식을 준비할 뿐 서빙은 남성이 한다. 식사 후에는 부인에게 정중하게 감사를 전한다.(대부분의 아랍 국가에서는 식탁에서 여성의 얼굴을 볼 수 없다) 식당은 물론 가정에서도 손 씻는 향수를 부어주는 경우가 많다. 목과 얼굴에도 바른다. 돼지고기는 먹지 않지만 하루에 한 끼는 육류를 먹는다. 커피나 차를 접대할 때 가슴에 살짝 손을 대면 '고맙지만 사양한다.'는 의미이다.

▲ 터키식 아침식사

▲ 바클라바

고개를 하늘로 쳐다보며 혀를 차는 소리를 내는 행위는 부정의 의미이다. 손톱검사를 하는 듯한 동작은 '좋다'는 표시이다. 상담은 산만하게 진행되므로 서두르거나 조급히 구는 것은 금물이다. 이슬람 사원의 내부에 들어갈 때는 신발을 벗어야 한다. 여성의 경우에는 머리, 팔, 어깨를 가리고 무릎길이의 치마를 입는다. 종교와 정치가 분리되어 있어 다른 이슬람국가에 비해 생활에 융통성이 있어 음주는 자유이며 라마단 역시 엄격하지 않고 합법적인 카지노도 있다. 시골에서는 가족의 명예를 중시하며 매년 200여 건의 명예살인이 발생한다.

2002년 민법을 개정하면서 여성의 인권이 신장되어, 남편의 동의가 없이도 취업이 가능하고 여성 공무원이 바지를 착용할 수도 있게 되었다. 민소매, 스키니 진, 과

도한 노출은 금지되며 여성은 서비스 관련 업무에 종사할 수 없다. 손가락으로 사람을 가리키거나 신발 한 쪽을 상대에게 향하는 행동은 결례이다. 공공장소에서 코를 풀거나 키스나 포옹하는 등의 행동은 매우 무례한 일로 생각한다. 인사를 할 때는 항상 명함을 교환한다. 징병제를 시행하며 12개월 복무하는데, 대학졸업자는 6개월만 복무한다. 저녁 식사는 9시부터 두 시간 정도에 걸쳐 전 가족이 모여서 하므로 이 시간에 약속을 피해야 한다.

▲ 이스탄불 보스포러스 다리

인도(INDIA)

수도	뉴델리(New Delhi)	언어	힌디어, 영어
면적	3,287,263㎢	종교	힌두교(82%), 이슬람(11%)
위치	남부아시아, 아라비아해와 벵골만 연안, 미얀마와 파키스탄 사이	기후	대륙성 기후
인구	13억(2위)	화폐	루피(Rupee, Rs)
민족	아리안인, 드라비다인, 프로토오스트랄로이드, 네그로이드, 몽골인	1인당 GDP	2,172 $ (IMF 2019년 기준)

1 종교의 발상지

▲ 갠지스 강

중동아시아와 동남아시아를 잇는 중간에 위치하고 있어 그 영역은 동서로는 인더스 강 유역에서 갠지스 강까지, 남북으로는 히말라야에서 케이프 코모린까지의 광대한 영토를 지닌 나라이다. 총면적은 한반도의 약 16배에 달하는 3,287,782㎢이며, 산악지대는 세계의 지붕이라는 히말라야와 평균고도 1,000m인 데칸고원이 있으며, 평야지대는 북인도의 갠지스강 유역과 마하나리, 나르마다강 이남 유역을 들 수 있다.

힌두교 80.3%, 이슬람교 11.0%(그중 수니파 8.2%, 시아파 2.8%), 그리스도교 3.8%(그 중 개신교 1.9%, 로마 가톨릭교 1.7%, 정교회 0.2%), 시크교 2.0%, 불교 0.7%, 자이나교 0.5 %, 조로아스터교 0.01% 및 기타 1.7%로 구성된다. 인도는 힌두교, 불교, 자이나교, 시크교의 발생지이고, 이슬람교와 배화교 그리고 기독교가 뿌리 깊게 자리하고 있어 다양한 종교를 가지고 있어 '종교의 나라'라고 불리기도 한다.

불교의 발상 국가이지만 국민의 불교신자는 극히 일부로 특이한 점을 가지고 있다.

인도인들은 대부분 온순하며 느긋한 성격인 반면 신의가 없고, 하층계급으로 내려갈수록 거짓말과 자기합리화에 타고난 재능을 갖고 있다. 또한 말하기를 좋아하고 말이 시작되면 청산유수로 끝이 없다. 인도인들은 모든 일에 'No Problem'이라는 말을 많이 쓰는데 이 말을 100% 믿으면 큰코 다치게 된다. 또한 시간 약속을 잘 지키지 않는다.

2 문명발상국가의 문화

인도는 세계 4대문명의 발상지 중의 하나이다. 인더스 문명은 약 500여 년간 메소포타미아나 수메르에 버금가는 세련된 청동기문명을 꽃피웠다고 전해진다. 1858년 영국정부가 인도를 직접 통치하면서 인도민중들은 국민회의를 중심으로 반영독립투쟁에 돌입하여 간디와 네루를 필두로 하고 1919년을 기점으로 '비폭력 불복종 운동'을 전개하여 커다란 반응을 불러 일으켰다. 1945년 제2차 세계 대전의 종결로 영국의 애틀리 노동당정부는 인도의 독립을 공식적으로 약속하였다. 1947년 8월 15일 독립을 획득하였으나 힌두교와 이슬람교도 사이에서는 통합을 이루지 못하였다. 이런 분열은 힌두교의 인도와 이슬람교도 대다수인 파키스탄으로의 분열을 일으켰다. 펀잡 지방과 벵골지방은 주민들의 종교성향에 의해 2개로 분해되어 양국에 포함되었으며 카슈미르는 아직도 분쟁이 계속되는 상태에 있다. 인도는 자와할랄 네루를 총리로 1952년 선거를 통해 국회를 구성하였다. 1971년 파키스탄은 국경 두 곳에 전쟁이 일어났으며 그 결과 동파키스탄이 방글라데시로 독립을 하였다. 그러나 현재도 엄격히 신분제도가 남아있는 국가이다

▲ 사원에서 기도하고 있는 신자

참고 : 카스트 제도

신분제도는 헌법에 의해 폐지되었으나 의식 속에 카스트 제도가 엄존한다. 브라만(제사장, 학자), 크샤트리아(왕, 무사), 바이샤(상업), 수드라(노동, 농업)으로 분류되며 계급의 분류 근거는 '하는 일이 얼마나 깨끗한가?'이다. 4가지 신분에 속하지 않는 불가 촉 천민(Untouchable)은 공식명칭이 없을 정도로 소외된 집단으로 인구의 16%에 이르며 토착 원주민(7천만 명)도 불가촉천민과 동일한 대우를 받는다. 힌두교도 외의 이슬람, 시크교, 자이나교, 불교 등은 카스트 제도를 인정하지 않는다. 카스트 제도를 시행하는 가족은 '아버지 2, 어머니 3'도 가능한데, 일부다처, 일처다부, 동성동본 등 모든 형태의 결혼에서 자유롭다.

인도(India)는 세계 7위의 면적을 가지고 있는 광대한 나라로 기후가 지역 별로 동일하진 않지만 대체로 11~3월의 건기, 4~6월의 혹서기, 6~10월의 우기(몬순)로 나눈다. 건기에는 비가 거의 오지 않고 기온이 우리나라의 가을처럼 쌀쌀하기도 하지만 일교차가 커서 낮에는 덥기도 하다. 최적의 여행 시기는 11월에서 1월로 이 시기는 인도에 가장 관광객이 많이 오는 시기이기도 하다. 그러나 이 시기는 인도의 겨울에 해당하고, 노숙자가 많은 인도인들이 얼어 죽기도 하는 계절이다. 혹서기는 무척 덥고 우기는 비가 많이 오는 계절로 우리나라의 장마철과 비슷하다. 여름(4~6월)은 지역에 따라 약간은 틀리지만 대체적으로 몬순기후이며, 겨울(10~3월)은 일교차가 크다. 인도는 대륙성 기후이기 때문에 일교차가 심하며 여름철에도 아침저녁으로 기온이 많이 내려가기도 한다.

인도의 화폐의 단위는 루삐(루빠야, 루빠예)이다. 영어로는 Rs나 Re로 표시한다. 더 작은 단위로 빠쎄(또는 빠싸)가 있고, 1루삐는 100빠세이다. 환전은 공항, 호텔, 은행, 시내의 환전소에서 가능하며 대도시

는 미국달러와 엔화, 유로, 여행자수표가 환전 가능하지만, 지방에서는 미화만 된다. 루피를 가지고 인도를 출국하는 것이 금지되어 있기 때문에 환전 시 환전증명서를 반드시 보관하여 출국 시 재환전 때 사용해야 한다.

인도인들을 만나면 상냥한 모습으로 '나마스테'라고 인사한다. 힌두교의 인사이지만 인도에서 많이 쓰이며 이 뜻은 '당신을 존경합니다'라는 의미의 좋은 인사말이다. 끝에 '나마스테지'라고 하면 더없이 예의 있는 인사말이다. 또한 서구식 인사로 악수를 청할 때에는 반드시 오른손을 이용한다. 왼손은 부정한 것으로 악수를 청하거나 응할 때에도 오른손을 사용하여야 한다.

식물의 열매나 씨앗·잎·뿌리 등으로 만들어진 마살라(Masala)라는 향신료는 그 종류가 다양한데, 요리를 가열한 후 여러 가지 마살라 를 섞어 만들어 향기를 내고 맛을 낸다. 반찬에서 스낵, 음료에 이르기 까지 모든 음식에 첨가되어 마살라는 우리나라의 된장과 고추장 같은 존재이다. 북인도에서는 밀가루로 만든 인도 빵(차파티·난)을, 남인도나 벵골에서는 쌀밥을 주식으로 한다. 인도의 카레와 우리나라의 카레라이스의 다른 점은 한국에서는 카레에 고기와 야채를 이용하지만 인도는 고기나 야채 중 1 가지만을 사용한다. 사브지(야채 카레) 종류의 카레에 달(콩 수프)과 차파티를 시켜 먹으면 좋다.

▲ 커리, 난

3 대표도시

1) 델리

델리는 인도의 수도이면서 연방직할지(Union Territory)로 구분이 되어 있고 여러 왕조의 수도 역할을 했기 때문에 많은 유적을 가지고 있다. 델리는 현지 발음으로는 '딜리'라고 하며, 총면적 1,483㎢, 인구 약 1,000만명 (1994년 통계)이다. 평균 해발고도는 216m이며, 여름 최고기온 46℃, 겨울 최저기온 4℃ 정도이다. 델리는 올드 델리(Old Delhi)와 뉴델리(New Delhi)로 구분하며, 올드 델리는 주로 무굴 시대에 발달한 델리를 말하고, 뉴델리는 영국 지배기간 동안 수도로 발달한 델리를 말한다.

▲ 사프다르정 묘사

2) 가야(Gaya) 시

▲ 보드가야

가야 시는 파트나의 남쪽으로 100㎞ 정도 떨어진 곳에 잡고 있고, 부다가야는 가야(Gaya)시에서 11㎞ 떨어진 곳에 위치한 인구 27,000명의 작은 도시이다. 가야 시는 힌두교의 주요성지이며, 부다가야는 불교의 최대 성지이다.

BC 250년 경 아쇼카 왕은 금강보좌(金剛寶座, 바지라사나 Vajirasana)의 자리에 사원을 건립하고 주위에 돌담을 조성했으나 역사의 흐름과 함께 파괴되고 중수되어 현재 모습만 남아 있다. 현재 이곳은 작고 초라하지만 마하보디 대탑과 보리수, 무칠란다 연못, 전정각산과 유영굴, 니련선하, 수자타 마을 등을 볼 수 있는 전세계 불교 최고의 성지이다.

3) 아그라

▲ 아그라 성

아그라는 아그라성과 이슬람 건축물의 걸작으로 전 세계 여행객들을 찾게 하는 타지마할로 유명한 곳이다. 이곳은 인도북부 우타르프라데시 주의 서부에 위치하며 델리에서 남쪽으로 204㎞ 떨어진 곳에 있는 도시이다.

무굴제국은 1558년 수도를 델리에서 아그라로 옮겼고, 10년(1564~

1574 년)에 걸쳐 막대한 예산으로 아그라 성을 건축하였는데, 샤자한 왕 때 지금의 모습이 갖추어졌다. 무굴제국이 1658년 수도를 다시 델리로 옮길 때까지 약 100년간 수도로서 북부 인도를 다스리는 터전이 되었다. 영국 동인도 회사의 지배를 받을 때도 주변지구의 행정중심지의 역할을 하였다.

4) 카주라호

이곳은 에로틱한 조각들이 있는 힌두교 사원으로 유명하다. 카주라호의 사원 군은 지리적 특성에 의해 서쪽 사원 군, 동쪽 사원 군, 그리고 남쪽 사원 군 3개 군으로 분류된다. T자 도로에 가장 큰 서쪽 그룹의 사원이 있으며, 놀라운 예술적 감흥을 얻을 수 있다. 카주라호 사원군은 1986년 유네스코 세계문화유산으로 지정되었다.

▲ 데비 자그담비 사원

4 매너 및 예절

인도인들은 오른손을 사용해 음식을 먹으며 3가지로 맛을 느낀다는 것이다. 첫 번째로는 후각에 의하여 그 맛을 느끼고, 두 번째는 손끝에서 전해오는 촉각에서 맛을 느끼고, 세 번째는 입을 통하여 미각으로 그 맛을 느낀다고 한다. 인도인들은 음식을 먹기 전과 먹은 후에 손을 헹군다. 이 모습을 보고 더럽다는 생각은 하지 말자. 그러나 요즘에는 거의 모든 사람 들이 포크와 스푼을 이용해 식사를 하기 때문에 한적한 시골이 아닌 이상 이와 같은 모습은 찾아보기 힘들다.

매년 1천여 편의 영화가 제작되고 1일 1,500만 명이 영화를 관람하는 등 인도의 영화는 '볼리우드'라는 말처럼 삶의 한부분이다. 거의 모든 영화에 뮤지컬이 삽입되어 있다. 인도의 커리큘럼은 세계적 수준으로 평가받는다. 학교는 다중언어를 사용하여 대학생의 경우 통상 5개 언어를 구사할 정도이다.

세계인구의 16%인 인도인의 16%는 불가촉천민으로, 카스트제도가 의식 속에 엄존한다. 하층계급으로 갈수록 거짓말과 자기 합리화에 능숙하다. 브라만 중에는 외국인을 부정한 존재로 인식하며 불쾌감을 갖는 경우가 많다. 뒷짐을 지는 것은 복종을 의미한다. 힌두교도는 소를 신성시 하며 쇠고기를 먹지 않는다. 시크교도는 터번을 쓰고, 금연하며 힌두교도와 마찬가지로 쇠고기를 먹지 않는다. 힌두교도는 금요일이 휴식일이며 토요일에 다시 업무를 시작한다. 신분제도가 남아 있고, 혼인 여부는 부모가 결정한다. 미혼남녀의 관리가 엄격하다. 결혼을 신성시하며 청춘남녀의 교제자체를 금지한다. 명예 살인이 시행되는 사회이다.

길을 물을 때 모른다고 대답하면 냉정한 느낌을 준다고 인식해서 모르면서도 엉터리로 가르쳐 주는 경우가 많다. 대체로 언변이 좋아서 인도인의 'No Problem'은 믿지 않는 것이 좋다. 도움에 대해서 감사를 표하는 것에 대해 의아해하며 답례를 거절하는 경우가 많다. 대신 자신이 도움을 요청할 때는 뻔뻔하게 느껴질 정도로 당당하다. 생명존중사상이 배어 있어서 싸울 때도 고성이 오갈 뿐 폭력을 사용하지 않는다.

집에 화장실이 없어서 공동화장실을 이용하는 경우가 많으며 화장실에서 화장지를 사용하지 않는 경우가 다수이다. 일반 화장실을 이용할 경우에는 화장지를 미리 준비해야 한다. 신분이 낮은 사람에게 존칭어를 사용하면 같은 부류의 사람으로 생각한다. 외모로 사람을 판단하는 관습이 있어서 복장에 신경을 써야 한다. 여성을 낮게 생각하고 여자가 몸을 보이거나 다리를 꼬는 것을 싫어한다. 여성은 전통 의상인 사리를 입어야 하고, 양가집 규수는 좌측으로 맨다. 여성과 단 둘이 대화를 나누거나 여성을 건드리는 행동은 피해야 한다. 사리 차림의 여성을 촬영하는 것은 실례이다. 반드시 상대방의 동의를 구해야 한다.

남자와 인사할 때는 악수를 하고 여자에게는 합장을 하면서 허리를 숙이는 나마스테 인사를 하는데, 이는 '당신을 존경합니다.'라는 의미를 지닌 인도의 전통인사법이다. 가장 정중한 인사법은 오른 손으로 상대 어른의 발등을 만진 후 그 손가락을 이마에 대는 것으로 '뿌라남'이라고 하며 '나는 당신 발의 먼지도 감당하기 힘들다'는 의미이다. 첫 만남에서 가족에게 관심을 표시하고 안부를 묻는 것이 예의이다. 카스트 제도, 파키스탄과의 관계, 채식주의 등은 화제로 삼지 않는다. 현지인과 함께 줄을 설 때 바짝 붙어 서지 않으면 뒷사람들에게 눈총을 받는다.

식사 중의 대화는 금지하며 식사장면을 지켜보는 것도 무례라고 인식한다. 자신의 침도 더럽다고 인식해서 물도 컵에 입을 대지 않고 마시는 경우가 많다. 식사 전후에는 반드시 손을 씻는 등의 개인위생에 철저해야 한다. 물건을 전할 때는 오른손을 쓴다. 왼손을 부정, 불결하게 생각한다. 명함이나 선물을 전달할 때와 악수를 할 때는 오른손을 사용한다. 신발이 상대의 몸에 닿는 것은 무례한 일이므로 주의해야 한다. 부조금은 끝자리를 '1'로 맞춰 51, 101, 501 등의 액수로 건넨다. 재스민은 장례식에 사용하는 꽃으로 선물하지 않는다.

사례 연구

"기후변화 요가로 해결"… 모디 총리, 유엔서 요가 홍보

"평화로운 분위기 보장되면 파키스탄 양자회담 개최 용의"

나렌드라 모디 인도 총리가 27일(현지시간) 미국 뉴욕 유엔본부에서 열린 제69차 유엔총회 기조연설에서 요가를 비롯한 인도 전통을 홍보했다.

인도식 양장인 검은색 조드푸리 재킷을 입고 연단에 오른 모디 총리는 유엔 회원국에 '세계 요가의 날'을 도입하는 것을 고려해 달라고 요청했다. 연설은 인도 정부관계자들이 국제회의에서 통상 사용하는 영어 대신 힌두어로 이뤄졌다.

모디 총리는 "요가는 우리 전통이 가져다준 소중한 선물"이라며 "단순한 운동이 아니고 자기 자신과 세계, 자연의 일치를 깨닫게 해준다"고 설명했다.

그는 젊은 시절 정신수양을 위해 히말라야를 여행한 것으로 알려졌다.

모디 총리는 기후변화의 해결책으로 요가를 언급하기도 했다.

그는 "요가로 생활습관을 바꾸고 의식을 깨우면 기후변화에 대응할 수 있을 것"이라고 말했다.

한편 모디 총리는 카슈미르 지역을 두고 국경분쟁 중인 파키스탄에 대해서는 양자회담에 나설 용의가 있다고 밝혔다.

그는 "테러의 위협이 없고 평화로운 분위기라면 파키스탄과 카슈미르 문제에 대해 논의하고 싶다"고 말했다.

그러나 전날 나와즈 샤리프 파키스탄 총리가 카슈미르 협상 결렬을 두고 공개적으로 인도를 비난한 것에 대해서는 "유엔총회에서 이 문제를 제기했다고 우리 정부가 얼마나 열심히 이 문제에 대해 노력하게 될지 모르겠다"라며 불쾌감을 드러냈다.

모디 총리는 또 이 자리에서 인도가 유엔 안전보장이사회 상임이사국이 되고 싶다는 염원을 거듭 표명했다.

(출처 : 유엔본부 AFP=연합뉴스
https://news.naver.com/main/read.nhn?mode=LSD&mid=sec&sid1=104&oid=001&aid=0007149397)

함께 생각해 봅시다

인도의 요가

인도의 4000년 건강 수련 방법인 요가가 전 세계적으로 널리 퍼져 있다.

인도인들의 요가에 대한 생각과 어떻게 세계적으로 널리 퍼질 수 있었는지에 대하여 생각해 봅시다.

8장

유럽 문화의 이해(1)

프랑스(FRANCE)

수도	파리(Paris)	언어	프랑스어
면적	551,602㎢	종교	카톨릭(82%)
위치	서부 유럽	기후	서부: 해양성 남부: 지중해성 중부: 준 대륙성 남서부 및 남동부: 산악성
인구	약 6,523만명	화폐	유로(EUR)
민족	골족(Gaul)	1인당 GDP	41,760＄(IMF 2019년 기준)

1 세계 문화의 중심지

▲ 프랑스 국기

프랑스의 정식명칭은 프랑스공화국(Republique Francaise)으로 서유럽 최대의 국가이다. 국토는 대략 6각형 모형이며 동서 및 남북 약 1,000㎞ 사이에 펼쳐져 있다. 북동쪽은 룩셈부르크와 벨기에, 북서쪽은 영국해협, 서쪽은 대서양과 비스케이만, 남쪽은 스페인, 안도라, 지중해, 동쪽은 이탈리아, 스위스, 독일과 접해 있으며, 지중해의 코르시카섬을 포함한다. 프랑스를 빼놓고 유럽을 이야기를 할 수 있을까? 예술과 패션, 와인과 축구, 낭만으로 가득 찬 프랑스를 많은 사람들은 동경한다. 이러한 파리지엔의 독창성 때문에 프랑스는 항상 관광객들이 끊이질 않고 있다. 더불어 프랑스는 뛰어난 과학기술과 스포츠 강국으로도 세계에서 위상을 높이고 있으며 유럽에서 가장 문화를 잘 지켜나가는 나라이기도 하다.

프랑스인의 기질은 자유·평등·박애라는 세 단어로 대변할 수 있다. 프랑스 국민은 다른 유럽인들에 비해 무척 독특하다는 것을 느낄 수 있는데 그것은 그들이 오랜 역사과정에서 자유·평등·박애를 누리기 위해 희생하면서 나타나게 된 국민성이다. 1789년 프랑스 대혁명을 겪으면서 프랑스 국민은 이 3가지가 인간에게 절실하다는 것을 깨달았고, 프랑스에서 자유는 개인주의와 같은 개념이다. 평등사상은 자유 다음으로 프랑스의 국민성이라고 할 수 있는데 최근에는 과거 식민지에서 들어온 민족들에 의해 사회적 불평등이 현상이 초래되어 불안정한 사회구조가 나타나기도 한다.

2 예술과 낭만의 문화 특성

▲ 페르디난드 델라크로익스 - 바리케이드의 자유

BC 8세기경부터 Indo-European 계의 일파인 켈트족(Celt)이 현재의 프랑스 영토에 이주해 원주민을 몰아내고 정착하였으며, 이 지역을 로마인들이 갈리아(Gallia)라고 부르고 이 지역에 정착한 켈트족(Celt)을 갈리아족(Gallia)이라 불렀다. 17세기 추기경 리슈리외와 마자랭과 같이 뛰어난 정치가들이 국왕을 보필하면서 유럽의 최강국으로 발전하였다. 1789년에 루이(Louis) 왕조에 대한 불만을 느낀 신흥시민계급이 로베스피에르(Robespierre)를 중심으로 봉기하여 왕정을 폐지하고 공화정을 수립함으로써 '프랑스 대혁명'을 맞게 된다. 프랑스는 왕정의 반동정책과 신흥계급의 혁명적 열기로 1830년 7월 혁명에서 1848년 2월 혁명 시대로 접어든다. 프랑스는 이 시기에 근대국가의 기초를 확립하였으며 시민들의 봉기에 의한 선거권이 보장되었고, 대통령제를 기본으로 하는 헌법이 성립되었다. 1981년 대통령선거에서 당선된 미테랑이 주요 산업의 국가적 통제강화 정책을 추진하였다. 1988년에 재선에 성공하여 14년의 임기를 역임한 후, 1995년 5월 파리 시장으로 있던 자크 시라크가 대통령에 당선되었다. 시라크 대통령은 2002년 대선에서 재당선되었으며, 장 티에르 라파랭 총리를 재임명함으로써 통합우파신당이 권력을 장악하고 있다.

기후는 해양성 기후와 대륙성 기후의 중간 정도이며, 사계절 구분이 명확한 편이다. 프랑스 북부의 겨울은 길며 최저기온은 0℃ 전후이고 최고 기온이 6~7℃ 정도이므로 겨울 날씨로 추운편이 아니다. 여름의 최고기온은 24~25℃ 정도이므로 지내기에 아주 좋다. 7~8월부터 본격적인 여름이 시작되며, 밤에는 서늘하고 때에 따라 두꺼운 옷을 걸쳐야 할 정도로 쌀쌀할 때도 있다.

파리의 경우 여름 한나절 30℃를 넘는 때도 있지만 아침과 저녁은 추위를 느낄 정도여서 냉방시설이 되어있는 호텔은 특급호텔의 경우로 한정되어 있을 만큼 전반적으로 서늘하다. 남부는 지중해성 기후로 특별한 복장 준비를 하지 않아도 되지만 북프랑스 방면으로 갈 경우에는 스웨터는 필수적이다. 가을은 일찍 시작하며 얇은 코트를 준비해 가면 좋다.

가톨릭교 76.3%, 이슬람교 6.3%, 개신교 2.9%, 기타 14.5%로 구성된다. 과거 '바티칸의 장녀'라고 불릴 정도로 가톨릭신자가 많았으나, 세계 최초로 국교 제도를 폐지한 나라로 '종교의 자유'를 인정하고 있다. 총인구의 3/4이 로마 가톨릭교도이지만, 중산층에 속한 사람들이 예배에 참석하나 규칙적으로 성당에 나가는 신도는 소수에 불과하다. 또한 약 100만 명은 개신교도들로서 여러 종파로 나뉘어져 있으며, 50만 명의 유대교 신자들이 도시권에 거주하고 있다.

통화단위는 유로(Euro)로 2002년 3월부터 프랑스 프랑(Fr) 대신 사용하고 있다. 현재 미국 달러는 은행이나 공항 등지에서 사용되지만, 명품점에서는 유로만 고집하는 곳도 있다. 지폐는 5유로부터 10, 20, 50, 100, 200, 그리고 500유로가 있으며 이 7가지의 지폐 양면은 12개국이 모두 동일한 디자인으로 사용하게 된다. 동전은 1 쌍띰유로(1 Cent)를 비롯해 2, 5, 10, 20, 50쌍띰유로와 1유로(1 Euro), 그리고 2유로짜리 동전이 있으며 이 8가지 동전의 앞면은 12개국이 모두 동일하지만, 뒷면은 국가별 다른 디자인을 허용한다. 프랑스는 우리나라보다 8시간이 느리다. 단 서머타임이 실시되는 4~9월은 7시간 느리다.

프랑스는 최신유행 트렌드와 패션, 향수, 그리고 와인 등으로도 세계적 명성을 얻고 있는 곳이다. 따라서 대형백화점을 비롯한 전문상점들도 프랑스 문화유산 일부를 대표한다고 할 수 있다. 바겐세일 시기는 겨울은 1~2월, 여름에는 바캉스를 앞둔 7월경으로 솔드(Soldes)라고 적은 종이쪽지들을 내붙인다. 이 기간을 이용하면 20~30% 할인하여 구입할 수 있다. 벼룩시장은 끌리냥꾸르(Clignancourt)가 가장 유명하고, 청바지부터 고가구에 이르기 까지 다양한 물건이 있다.

▲ 푸아그라

세계 최고의 요리로 꼽으라면 당연히 상위 레벨을 차지하는 프랑스 요리이다. 그 중에서 대표적인 요리인 '푸아그라'는 전채요리로 살이 통통한 거위 간을 이용하여 만든다. '에스카르고'는 달팽이 요리의 전채요리로서 달팽이 데친 것에 마늘, 파슬리, 버터를 넣어 구운 음식이다. 송로버섯 (Truffle)은 너무 귀한 요리이고, 쇠고기 포도주 찜은 일반적으로 가정집에서 먹는 음식으로 부르고뉴식 쇠고기 요리를 의미하는데 홍당무, 양파, 샐러리, 표고버섯, 향신료를 포도주에 버무려서 찐 음식이다.

프랑스 음식의 또 다른 특징은 각 지역의 지리적 특성을 음식에 반영한다는 것이다. 북 프랑스는 음식을 조리할 때 생크림, 우유, 버터 등의 유제품을 많이 사용하고, 남 프랑스는 매콤한 고추, 토마토를 많이 사용한다. '또마뜨 파르씨'는 동남부 지방인 프로방스의 전통음식으로 토마토의 윗부분을 잘라 속을 파낸 후 돼지고기와 양파를 다져 채운 후, 오븐에 구워낸 것이다. 노르망디 지방의 전통음식인 '물르 마리니에르'는 홍합을 백포도주에 쪄낸 것으로 국물 없이 바싹 익혀 알맹이만 소스에 찍어서 먹는다. '크레프 오 프뤼 드 메르'는 부르타뉴 지방의 전통음식으로 우유, 계란, 밀가루를 섞어 얇게 부쳐서 각종 해물을 싸서 먹는다.

참고 : 프랑스의 카페 문화

카페 혹은 비스트로(대중음식점)는 프랑스의 명물이다. 프랑스의 문화는 카페에서 탄생했다는 말이 있을 정도로 카페는 토론과 대화의 장소이다. 그래서 카페는 루브르 박물관, 프랑스 요리와 더불어 프랑스를 상징하는 3대 문화이기도 하다.

카페 문화의 정수를 느끼고 싶다면 생 미셸(St-Michel) 거리에서 약 5분 떨어진 생 제르맹 데 프레 성당이 있는 거리에 가보자. 이곳의 '카페 오 되마고'(Caf Aux Deux Magot)는 나폴레옹과 피카소가 드나들었던 곳이며, '카페 드 플로르'는 1950년대 파리의 철학자와 교수들이 자주 모이던 곳으로 사르트르와 보봐르가 차를 마시면서 그들의 사상을 깊게 하고 토론했던 실존주의의 산실이기도 하다.

3 대표도시

1) 파리(Paris)

파리는 '예술과 낭만의 도시'로서 고대의 유적, 중세의 장엄함, 근대, 현대 그리고 미래의 문화가 함께 숨 쉬는 곳이다. 많은 건축물들이 이 도시의 파란만장한 역사를 말해주는 한편, 다양한 쇼핑 공간들은 삶의 화려함을 느끼게 해준다. 파리의 관광은 단순히 경관을 보는 것이 아니라 찬란했던 역사와 프랑스 대혁명이나 전쟁, 희생을 통해 만들어진 건축과 예술품, 화려하고 다양한 생활방식과 문화를 생각하며 보는 것이 좋다.

첫째, 파리 세느 강변의 유명한 명소를 걸어보는 것, 둘째 파리의 유명한 박물관과 건축물을 살펴보는 것, 셋째 파리의 유명한 패션이나 명품을 확인해 보는 것, 넷째 파리의 먹을거리를 중심으로 체험하는 것 등이다. 파리의 에펠탑, 루브르 박물관, 콩코르드 광장 및 노트르담 대성당 등 세느 강변은 1991년 유네스코 세계문화유산으로 지정되었다.

▲ 파리 시내

2) 베르사이유(Versailles)

찬란했던 절대 왕권 절정기의 상징으로 파리 서남쪽 23km에 있는 절대주의 왕권의 영화를 상징하는 대궁전이다. 이곳은 1682년부터 1789년까지 프랑스의 정치적 수도이자 통치 본부였다. 프랑스 역사상 최고의 왕권을 누렸던 '태양왕' 루이 14세는 프롱드의 난 이후, 파리의 루브르궁에 싫증을

▲ 베르사이유 궁전

느껴 사냥터였던 베르사이유에 화려한 궁전을 짓고 방대한 정원을 조성하여 거처를 이곳으로 옮겼다. 1662년부터 1710년까지 50년에 걸친 대공사 끝에 탄생한 베르사이유 궁은 규모가 웅장하여 화려함의 극치를 보여준 당대 최고의 작품이었다. 베르사이유(Palace and Park of Versailles)는 1979년 유네스코 세계문화유산으로 지정되었다.

3) 샤모니 몽블랑(Chamonix Mont-Blanc)

샤모니는 스위스와 이탈리아 국경에 인접한 몽블랑(Mont-Blanc, 해발 4,807m) 기슭 해발 1,038m에 위치한 프랑스 남동부 소도시이다 [이탈리아 어로 몬테 비앙코(Monte Bianco)이다]. 샤모니는 1924년 제1회 동계올림픽을 계기로 전 세계에 알려지게 되었다.

몽블랑의 전망을 즐길 수 있는 에귀 뒤 미디 봉(Aiguille Du Midi, 해발 3842m)까지 올라가는 로프웨이가 있으며 길이 11.5㎞의 몽블랑 터널을 통과하면 이탈리아 쪽으로 갈 수 있다.

▲ 몽블랑

4) 니스(Nice)

프랑스 남동부 알프마리팀주의 주도로 유럽 제일의 휴양도시이다. 모나코에서 마르세이유까지의 지중해 연안을 지칭하는 '코트 다쥬르'(Cote D' azur)의 중심도시로 유명하다. 이곳은 꽃, 향수 및 올리브유가 주산물이며, 연평균 17℃로 온난하고 풍경이 아름다워 연중 관광객의 발길이 끊이지 않는 곳이다. 니스는 겨울철 알프스에서의 스키와 여름철의 해수욕으로 별장이 많고, 카지노, 호텔 및 정원 등 위락시설이 잘 정비되어 있다. 온난한 기후에 겨울에도 따뜻한 지역으로 많은 관광객과 휴양객들이 모여드는 곳이다. 특히 니스의 해안은 바캉스를 즐기는 내국인들과 외국인들로 붐비며, 영화제에 참석하는 많은 영화인들이 즐겨 찾는 곳이기도 하다.

▲ 니스 해변

5) 깐느(Cannes)

아름다운 여름의 국제적 휴양도시로 '코트 다쥬르'의 중심의 국제적인 관광도시이다. 우리에게는 '국제영화제'가 열리는 도시로 유명하다. 깐느는 작은 도시이기 때문에 공항이 없다. 근처 니스의 '코트 다쥬르 공항'(Cote D'azur Airport, NCE)을 이용해서 이곳에 도착할 수 있다. 매년 5월마다 열리는 깐느 국제영화제는 세계인들이 주목하는 영화제로서 많은 영화배우나 스타들이 이곳에 모인다. 세계적으로 유명한사람들의 별장과 요트들이 즐비하게 있으며, 길게 펼쳐져 있는 모래사장을 사이로 바캉스를 즐기려고 하는 피서객들도 붐비는 활기차고 번화한 도시이다.

참고 : 유레일패스(Eurail Pass)

국경통과 등을 제한 없이 자유롭게 승하차하며 유럽지역을 여행할 수 있는 정기열차 승차권이다. 유레일패스는 유럽여행 전 출발지 국가에서 발급 받아야 하며, 유럽, 러시아연방, 터키, 모로코, 알제리, 튀니지 국적의 여행자는 사용할 수 없다. 유레일패스 통용 국가는 프랑스를 비롯하여 이탈리아, 독일, 스위스, 스페인, 오스트리아, 네덜란드, 벨기에, 룩셈부르크, 아일랜드, 포르투갈, 그리스, 스웨덴, 노르웨이, 덴마크, 핀란드, 헝가리 및 루마니아 등이다.

4 매너 및 예절

자기 권리를 주장함에 있어 당당하다. 자신의 감정이나 생각을 솔직하게 표현하는 것을 사회적 덕목으로 인식한다. 교통수단을 이용할 때는 장애인이나 노인을 배려하며 여성을 우대하는 의식이 정착된 만큼 여성을 비하하는 것은 주변의 눈총을 사는 결례가 된다. 인사는 생활화되어 있으며 친한 사이에는 빰에 가볍게 키스를 하며, 지역에 따라서는 빰을 바꿔가며 4번까지 하기도 한다. 매일 만나는 사람과도 반드시 악수를 할 정도로 스킨십을 좋아하는데, 프랑스식 악수는 손에 힘을 많이 주지 않으며 여성이 먼저 손을 내미는 것이 관례지만 사회적인 지위가 높은 경우에는 예외이다.

영국과 마찬가지로 실내에서 우산을 펴는 것은 불길한 징조로 여기므로 삼가한다. 대화중에 화가 났더라도 삿대질을 하는 것은 큰 결례이다. 영국이나 독일인과는 달리 코를 풀 때도 최대한 조심스럽게 한다. 남의 물건에 손을 대는 것은 실례이다. 마트에서 생선, 육류를 살 때도 판매원의 허락을 받고 만져야 한다. 꽃을 선물할 때는 죽음을 의미하는 국화, 장미를 피한다. 붉은 장미는 구애를 의미하는 것으로 연인에게 선물하는 꽃이다. 카네이션은 장례식용 꽃이므로 선물하지 않는다. 음식물이나 기호품을 선물하지 않는다. 음식과 기호에 관한한 세계 최고의 개성을 지닌 사람들이다. 같은 이유로 향수, 와인 역시 선물하지 않는다. 지방을 관광하면서 주인이 없는 포도밭의 무단출입은 삼간다.

사전에 약속이 있어야 사람을 만날 수 있고, 초대를 받았을 때는 특별한 언질이 없는 한 부부 동반이 상식이다. 와인에 대한 상식을 가지고 있거나 서툰 수준이라도 불어를 하면 친해지기가 쉽다. 약속시간보다 일찍 가지 않으며 저녁식사 등에 초대되었을 때는 10분정도 늦게 도착한다. 선물은 꽃이나 초콜릿, 쿠키 등으로 가볍게 준비한다. 초대받은 다음날에는 감사카드를 보내는 것이 예의이다. 모임에서 연장자가 재킷을 벗기 전까지는 벗지 않는다. 식탁에서의 가장 큰 적은 침묵이라고 생각하며 와인을 마시며 대화하는 탓에 식사시간이 길다. 질병이나 금전, 종교, 정치 등의 무거운 주제는 피하는 것이 좋다. 식탁에서 소금을 엎지르는 것을 불길한 징조로 여긴다. 에티켓이라는 말의 원조이고 세계 최고 수준의 음식과 와인을 먹는 나라답게 테이블 매너는 엄격하다.

관공서나 공공장소에 갈 때는 정장을 한다. 여성은 낮과 밤에 입는 옷을 구별해서 입는다. 프랑스인이 먼저 이름을 사용할 때까지는 예의를 지킨다. 가끔 먼저 말하기도 하는데 이 때는 격식을 갖추어 겸양하는 태도를 유지해야 한다. 미국식 O.K 사인은 '가치가 없다'는 의미이다.

거리에서 택시를 세울 수 없고, 지정된 정류장이나 전화를 이용한다. 기사의 옆 좌석은 짐을 싣는 곳으로 앉지 않는다. 짐을 실을 경우에는 따로 요금을 지불해야 하므로 뒷좌석에 들고 탄다. 10% 정도의 팁을 지불한다.

TIP 여행 시 주의해야 할 작은 상식

- 프랑스의 호텔은 시설이나 서비스 등을 기준으로 해서 급수를 정하는데 최고급인 리츠 호텔부터 세계적 체인호텔인 힐튼과 닛코 호텔 뿐 아니라 와인농가의 민박과 고성 등 숙박시설을 다양하게 선택할 수 있다. 국제 유스호스텔의 국제적인 망과 제휴하고 있다.
- 영국에서와 마찬가지로, 여성우대에 신경을 써야 하며, 식당에서 물을 주문하면 보통 미네랄워터(가스가 들어있는 탄산수)를 주는데 동양인들은 입에 맞지 않으므로 '노 가스'또는 '내추럴 워터'라고 주문해야 정상적인 생수를 마실 수 있다. 미네랄 워터는 유료이고, 내추럴 워터는 보통 수돗물인 경우 무료이지만 '에비앙'(Evian)인 경우 하우스와인 가격과 비슷하므로 와인을 시키는 것이 더 경제적이다.
- 파리에서는 무료화장실을 찾기가 어렵다. 유료화장실은 입구에서 돈을 받는다. 거리에 설치된 간이화장실은 동전을 넣어야 문이 열리며 사용할 수 있다.
- 전압은 110V와 220V가 있지만 콘센트의 모양이 우리나라와 다르다.
- 파리는 세계 어느 대도시와 같이, 소매치기들로 인해 골치를 썩고 있다. 이들은 주로 관광객이 많이 몰려드는 관광지, 지하철 및 파리 역에서 활동을 벌인다. 모든 관광지가 표적이지만 특히 에펠탑, 노트르담 성당, 몽마르트 언덕, 백화점이 밀집한 오페라 근처에서는 주의가 필요하다.

영국(ENGLAND)

수도	런던(London)	언어	영어
면적	24만 4천㎢	종교	영국 성공회(국교)
위치	서유럽, 프랑스의 북서쪽	기후	온난한 서안 해양성 기후
인구	6,657만 명	화폐	파운드(GBP, ￡)
민족	앵글로 색슨계 (웨일즈, 스코틀랜드는 켈트계 중심)	1인당 GDP	41,030 $ (IMF 2019년 기준)

1 해가 지지 않는 나라 영국연합왕국

▲ 자연사 박물관

영국의 정식명칭은 '그레이트 브리튼과 북아일랜드 연합왕국'(United Kingdom of Great Britain and Northern Ireland)이다. 영국은 잉글랜드(England), 스코틀랜드(Scotland), 웨일즈(Wales) 및 북아일랜드(Northern Ireland) 등 4개의 지역으로 구분된다.

또한 그레이트 브리튼이란 연합왕국은 북부 스코틀랜드, 남동부 잉글랜드, 남서부 웨일스로 되어 있으며, 웨일즈는 독립을 주장하고 있다. 과거 가장 강력한 영향력을 가진 잉글랜드에 의해 통일이 되었으며, 아직까지 4대 지방의 지역 성향이 매우 강하다.

영국의 기원은 5~6세기경 게르만계의 앵글로 색슨족이 잉글랜드에 침입해 9세기경 통일된 왕국을 수립한 것에서 찾아 볼 수 있으며, 앵글로 색슨족과 켈트족간 갈등은 지금도 남아 있다. 세계 민주주의의 발생국인 동시에, 제국주의의 아성을 쌓아 '해가 지지 않는 나라'라는 별칭을 얻을 정도로 많은 식민지를 가지고 있었다. 그러나 제2차 세계 대전 종전 후 식민지의 잇따른 독립으로 대영제국의 면모는 많이 사라졌으며, 1997년 7월 1일 홍콩도 중국에 반환되어 비로소 제국주의의 종말을 고했지만, 아직도 많은 영연방 국가를 거느리고 있다.

2 의회민주주의를 바탕으로 한 문화 특성

기원전 6세기경 청동기 시대에서 철기시대 초기에 대륙의 켈트족이 이주해 선주민을 정복하면서 영국 역사가 시작되었다. 17세기 초 스튜어트왕조가 들어서자 1688년 영국의회는 '권리선언'을 목적으로 명예혁명에 성공하여, 근대화를 제일 먼저 이룩한 국가가 되었다. 산업혁명을 통해 생산하게 된 영국의 제품은 식민지뿐만 아니라 전 세계에 퍼졌고 1832년에는 선거법 개정으로 노동자계급도 의회정치에 참가하는 길이 열렸다. 19세기 말에는 노동운동 조직과 사회주의 조직의 연합이 진척되었으며, 1900년에 노동대표위원회가 결성되어 의회에 진출하였다. 그 시기에 이르러 전 세계에 걸친 식민지경영, 산업혁명의 수행, 의회 정치의 확립 등으로 초기 자본주의의 전형을 대표하는 모범국으로 부상하였다.

영국은 제1차 세계 대전(1914~1918)과 제2차 세계 대전(1939~1945)에 많은 국력을 소모하여 국내외적 위기에 직면하였으나, 1950년대와 1960 년대 초 경제성장으로 재번영을 누린다. 1957년 유럽공동체 가입을 거부함으로써 유럽의 급격한 경제성장에 참여하지 못하였으나, 다행히 1970년대부터 북해유전이 개발되어 산유국으로 등장하여 재도약 발판을 마련하였다.

마가렛 대처 수상은 1970년대의 오일파동, 인플레이션, 3일 태업, 계층 간의 갈등 등 혼란을 극복한 대표적인 인물이었으며, 1990년 임명된 존메이저 수상은 보수당에게 집권을 넘겨주지 못하고, 1997년 5월 선거에서 노동당에게 정권을 넘겨주었다. 토니 블레어가 수상으로 임명된 후 영국에는 적지 않은 변화가 일어났고, 20여년간 보수당의 영향을 하루아침에 바꿀 수는 없지만, 서서히 변화되고 있다, 아일랜드의 평화가 첫발을 디디고 있고, 젊은 왕자들이 가수 스파이스 걸즈(Spice Girls)에 열광하는 새로운 변화를 맞이하고 있다.

영국의 기후는 멕시코 난류와 편서풍의 영향으로 대체적으로 온난한 서안 해양성

기후를 나타낸다. '하루 동안 사계절이 나타난다.' 라고 할 만큼 영국의 날씨는 예측할 수 없다. 강수량은 1년 내내 거의 변화가 없으며, 비라고 해도 바로 그치는 지나가는 비가 많다. 연평균강수량은 1,000㎜가 넘는데, 북동부 산간지방 1,600mm 이상이고, 중동부 저지대 800mm 이하이다. 강수량이 제일 적다는 남동연안에 연간 150일, 북서쪽에 250일 동안이나 비가 온다.

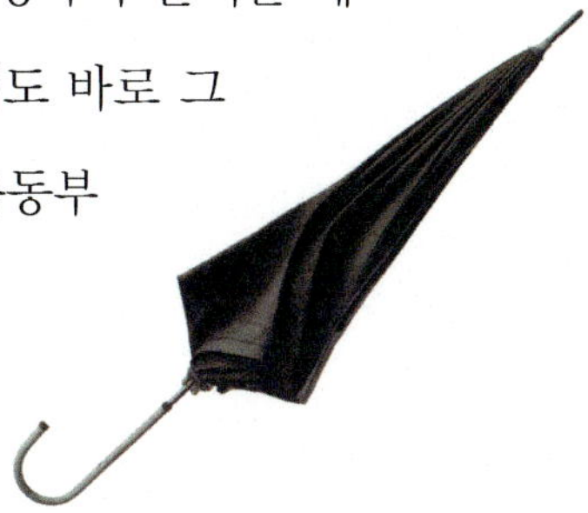

봄(3, 4, 5월)과 가을(9, 10, 11월)에는 따뜻한 햇살이 비추다가도 세찬 바람이 불며 소나기가 쏟아지는 등 날씨 변화가 심하므로 모직 스웨터와 방수 재킷이 필요하다. 여름(6, 7, 8월)에는 1년 중 가장 좋은 계절로 티셔츠차림이 적당하나 기온이 내려갈 때를 대비하여 가벼운 스웨터나 재킷이 필요하다. 영국은 이 시기에 관광객이 가장 붐빈다. 이런 이유에서 여행을 피해야 할 시기이기도 하다. 겨울(12, 1, 2월)은 계절 중 가장 짧다. 기온은 낮지만 영하까지 내려가는 혹독한 추위는 없으며 맑고 상쾌한 청명한 날을 자주 볼 수 있다.

영국은 다른 서구제국과 마찬가지로 크리스트교 국가이다. 크리스트교가 65.9%이며, 그 중 개신교 53.4%(영국 성공회 43.5 %, 장로교 4.5%, 감리교 2.2%, 기타 3.2%), 로마가톨릭교 9.8%, 정교회 1.0% 및 기타 크리스트교 1.7% 순이다. 이외에 이슬람교 2.6%, 힌두교 0.6%, 시크교 0.5%, 유대교 0.5%, 기타 · 무교 29.9% 등이 있다.

화폐의 단위는 파운드(GBP, £)이며, £1은 100펜스(Pence)이다. 지폐의 종류는 5, 10, 20, 50파운드가 있으며, 동전은 1파운드와 1, 2, 5, 20, 50펜스짜리가 있다. 1실링은 5펜스, 2실링은 10펜스와 같은 가치이다. 우리나라보다 9시간 늦으며, 서머 타임 실시 중에는 8시간 늦다.

영국의 의류는 실용적이라고 말하지만 구태의연

한 디자인을 고집하고 있는 느낌이 강하다. 그렇지만 그것 또한 전통적인 느낌과 도 연결된다. 기능 위주의 디자인에 엷은 색조는 쉽게 싫증나지 않기 때문에 던힐(Dunhill)로 대표되는 신사복은 절대적인 자신감을 자랑한다. 버버리(Burberry), 아쿠아스큐텀(Acquascutum) 코트에 발렌타인(Ballantyne), 프링글(Pringle) 울(모직) 제품이라면 최고 품질이라고 할 수 있다. 웨지우드(Wedgwood), 민튼(Minton) 및 로열 달튼(Royal Doulton) 등 헤아릴 수 없을 만큼 유명한 도자기가 많다.

영국인들은 겉으로는 매우 차갑고 꼼꼼한 인상을 주지만 대체로 공손하고, 인내심이 강하고 매우 유머러스하다. 자신을 소개할 경우 Mr를 붙이지 않고 성이나 이름을 말하는 것이 바람직하며, 여성의 경우 Mrs/Ms를 붙여 소개하는 것이 바람직하다. 처음 만난 사람에게는 악수를 청하지만 그 후에는 인사말로 대신하는 경우가 많고 부담스러울 정도의 신체적 접촉이나 거친 동작은 영국인에게 혐오감을 느끼게 할 수 있으므로 삼가야 한다.

▲ 피시 앤 칩스

영국요리는 삶든가, 오븐에 넣어 익히는 방법을 사용하여 간단하게 음식을 조리하여 먹고 음식을 만들 때 조미료를 거의 사용하지 않으며, 먹기 전에 소금, 후추, 향신료를 뿌려서 먹는다. 영국인들이 자주 이용하는 퍼브는 'Public House'의 약칭으로 일반 시민들의 휴식처, 사교 클럽으로 1100년부터 전통을 유지하여 왔다.

3 대표도시

1) 런던(London)

2천년의 유구한 역사를 자랑하는 런던은 영국의 수도이자 문화와 무역의 중심지로 1,600㎢의 면적에 800만 이상의 인구가 거주하고 있다. 런던 시내는 소호(Soho) 지구를 중심으로 2개의 시로 나누어지며, 동쪽은 이스트엔드로 서민적인 분위기를 접할 수 있고, 서쪽은 웨스트엔드로 귀족적이고 화려한 분위기를 연출하고 있으며 대부분의 관광지가 집중되어 있다.

▲ 타워 브리지에서 런던교까지

2) 옥스퍼드(Oxford)

세계적인 명성과 더불어 영국에서 가장 오래된 대학도시인 옥스포드(Oxford)는 런던 북서쪽 10km 지점, 템즈강 상류에 위치해 있다. 시내 곳곳에 40여개의 단과대학이 흩어져 있는 이 대학도시는 영국의 우수한 인재들을 키워낸 곳임을 의심할 수 없다. 어원적으로 Ox(소)와 ford(개울)이란 말이 합쳐진 것으로 '소들의 개울'이라는 뜻이다. 12세기부터 영국의 학자들이 이곳에 모여들기 시작했으며, 이전엔 양털의 집산지에 불과했던 옥스퍼드는 13세기에 최초의 칼리지가 창립됨으로써 오늘날의 대학도시로 발전하는 기틀이 되었다.

▲ 보들리 도서관 사서와 올 소울스 대학

▲ 케임브리지의 캠 강 위로 보이는 클레어 다리

3) 에든버러(Edinburgh)

은빛 물결이 현란한 호수, 백 파이프, 고급 스카치 위스키 및 장엄한 절경의 산을 연상케 하는 스코틀랜드의 주도이다. 스코틀랜드 귀족들의 고성과 왕조의 유산이 풍부한 곳으로 매년 8월 대축제가 개최된다. 스코틀랜드 북쪽의 하이 랜드(High Land, 고지대)와 남쪽의 로 랜드(Low Land, 저지 대)로 나누어지며, 두 지역은 지리조건 뿐 아니라 기후나 언어 습관에서도 미묘한 차이가 있다. 스코틀랜드 기후는 예측할 수 없는 날씨로 유럽에서 가장 혹독하다고 알려져 있으며, 특히 '스카치 미스트'(Scotch Mist)라고 하는 부슬부슬 내리는 비와 악천후가 유명하다. 에든버러의 신구시가지는 1995년 유네스코 세계문화유산으로 등록되었다.

▲ 에든버러 성

참고 : 에든버러 성(Edinburgh Castle)

12세기에 건축된 위풍당당한 성으로 연간 1백만 명이 넘는 사람들이 찾아오는 스코틀랜드 최대 관광명소이다. 바다를 앞에 둔 높은 절벽위에 자리 잡고 있고 벽돌로 쌓은 성곽이다. 에든버러 성내에 있는 노르만 양식으로 지어진 조그만 '성 마가렛 예배당'은 에든버러에서 가장 오래된 건축물이며 여러 차례의 폭격 속에도 900년이 넘는 시간 동안 그 모습 그대로 자리를 지키고 있다. 에든버러 성 옆에는 제1차 세계 대전 직후 만들어진 '스코틀랜드 국립전쟁기념관'도 자리하고 있다. 에든버러 성에서는 매일 오후 1시(일요일 제외)를 알리는 총성이 울려 퍼지며, 이 총성은 에든버러 성과 주변을 둘러보고 있는 이들을 깜짝 놀라게 하기에 충분할 만큼 크게 울려 퍼진다.

4) 벨파스트(Belfast)

▲ 벨파스트 시청

북아일랜드의 주도로 과거 역사적 분쟁의 유물들이 남아있는 곳이다. 벨파스트는 파셋강(River Farset, 현재 복개되었음)을 가로지르는 여울을 지키기 위해 세워진 요새들이 모여 형성된 도시로 1604년 제임스 1세에 의해 치체스터(Chichester)경이 지배자로 배치되면서 도시로서 모습을 갖추기 시작했다. 버려진 건물들과 정치성 짙은 벽화들, 차량제한구역, 보안검사와 무장순경들과 같이 과거 벨파스트의 거리를 걸었을 때 골칫거리들은 현재 찾아볼 수 없다.

5) 웨일즈(Wales)

영국의 한 지방이며 1284년 영국합병 이전까지 독자적인 문화를 유지하였다. 웨일즈(Wales)에서는 영어와 웨일즈어 모두를 공용어로 하고 있으나, 대부분 영어를 사용하고 있다. 웨일즈에서 웨일즈를 웨일즈어로 '친구'라는 뜻의 단어 'Cymru' 라고 표기하는 것처럼, 비교적 친절하다. 수도 카디프 (Cardiff)는 대표적인 도시이며, 카디프의 역사는 1세기까지 거슬러 올라간다. 웨일즈에는 카디프성(Cardiff Castle)을 비롯하여 남쪽 지방에 자리 잡고 있는 카에르필리 성(Caerpilly Castle), 북웨일즈의 중심부, 해안에 자리 잡고 있는 캐나펀 성(Caernarfon Castle), 북웨일즈 콘위마을에 자리 잡고 있는 콘위성(Conwy Castle) 등 주요 성곽이 남아 있다.

▲ 쓰리 클리프 베이

4 매너 및 예절

세계최고 수준의 시민의식을 자랑하는 나라이며 복장, 관습에서 전통을 중시한다. 오페라, 발레, 연주회에는 반드시 정장을 착용해야 하며 그 밖의 공연은 넥타이를 매는 것으로 정장을 대신한다. 일반적으로 악수로 인사를 나누지만 오랜만에 만나거나 초면인 경우, 여성이 악수를 청하는 외에는 신체적 접촉을 꺼린다. 왕실을 조롱하는 언동이나 애완견을 학대하는 것은 비난의 대상이 된다. '레이디 퍼스트'가 생활의 기본인 나라이다. 자신을 'Mr. Kim'으로 소개하는 것은 결례이며 성이나 풀 네임으로 한다. 여성은 반대로 성 앞에 'Ms/Mrs'를 사용하는 것이 관습이다. 길에서 침을 뱉는 것은 절대 삼가해야 하며, 커피숍에서도 재떨이에 침을 뱉으면 꽁초나 휴지가 쌓여있어도 바꿔주지 않는다. 공식 모임 시에 식탁에서 여왕에 대한 건배가 끝나기 전까지는 흡연이 금지된다. 뇌물에 엄격한 사회로 크리스마스에도 업무와 관련한 선물은 하지 않는다. 공중 화장실은 유료이다. 지하철역이나 백화점을 이용하는 것이 좋다. 사다리 밑으로 지나가거나 방 안에서 우산을 펴면 불길하다고 믿는다. 줄을 서고 기다리는 것에 익숙해져야 하는 사회이다.

저녁약속은 상대방 부인의 양해가 필요하므로 적어도 1개월 전에 신청해야 한다. 가정으로 초대받는 경우는 특별한 배려로, 고맙게 받아들이고 간단한 선물을 준비한다. 일반적으로 초콜릿이나 꽃을 선물하는데 백합은 죽음을 상징하는 것이므로 피한다. 식사예절은 엄격한 편이다. 음식을 권할 때 처음 한 번은 사양하는 것이 예의이다. 음주를 절제해야 하며 공식 석상에서 돈 얘기를 하는 것은 신사도에 어긋나는 일이다. 소리 내어 웃는 것은 신사가 아니라고 생각한다. 통상 10~15%의 팁을 지불하는 문화이다.

TIP 여행 시 주의해야 할 작은 상식

- 영국의 숙박비는 유럽 대륙에 비해 비싼 편이다. 영국의 전통적인 B&B(Bed and Breakfast) 호텔에서 하룻밤 묵어 보는 것도 색다른 추억이 될 것이다. 이곳은 비교적 저렴하게 숙박과 아침식사를 할 수 있는 숙박 시설로서 런던에서는 보통 1박에 30~40파운드 이상이지만, 운이 좋으면 20파운드 안팎의 B&B를 찾을 수 있다. 젊은 배낭여행객은 유스호스텔(Youth Hostel)을 활용하는 것이 좋은데 국제연맹(IYHA)에 가입한 유스 호스텔을 이용할 경우 1박에 15~20파운드 정도면 이용할 수 있다.
- 런던의 물가는 공포에 가까울 정도로 비싸다.
- 영국은 날씨의 변화가 심하므로 항상 우비나 우산을 준비하는 것이 좋다.
- 신사의 나라답지 않게 지하철 구내, 상점, 백화점 등에는 소매치기가 많으므로 특별한 주의가 필요하다.
- 영국은 의외로 강간률이 높은 나라이므로 여성의 경우 밤거리를 혼자 다니는 것은 피하는 것이 좋으며 특히 템즈강 남쪽은 주의해야 할 지역이다.
- 영국의 통행방향은 우리나라와는 반대이다. 자동차가 좌측통행을 하므로 길을 건널 때에는 주의가 필요하다.
- 영국에서는 줄서는 것이 생활화되어 있기 때문에 항상 질서를 지키도록 하며, 엘리베이터나 버스를 탈 때에는 항상 여성에게 우선권을 주도록 한다.
- 일반 여행자라고 할지라도 응급실로 가야 할 경우가 생기면, 영국 국민과 같은 무료혜택을 받을 수 있다. 그러나 응급실에서 입원을 하게 되는 경우 여행자 보험을 요구하고, 보험이 없는 경우 개인이 치료비를 물게 되어 매우 비싼 편이다.
- 식당에서는 서비스가 형편없는 경우를 제외하고 10% 정도의 팁을 남기는 것이 상례이다. 택시를 탈 경우도 약 10%의 팁을 주는 것이 상례이다.

사례 연구 그리스 총리 "영국, 파르테논 신전 대리석 반환하라"

그리스가 자국의 대표적 문화유산으로 꼽히는 아테네 파르테논 신전의 대리석 조각 작품들을 반환하라고 영국에 촉구했다. 알렉시스 치프라스 그리스 총리는 26일(현지시간) 영국 런던에서 테리사 메이 영국 총리와 만난 자리에서 "파르테논 대리석 작품의 원래 자리는 파르테논"이라며 현재 대영박물관 한복판에 전시된 이 문화재를 돌려 달라고 요구했다. 취임 후 처음으로 영국을 공식 방문한 치프라스 총리는 "이 문제는 그리스인들에게 윤리적으로 특히 중요한 문제"라며 그리스의 정당한 요구에 대한 지지세가 점점 더 확대될 것이라고 강조했다. 치프라스 총리가 언급한 작품은 파르테논 신전을 장식하고 있던 대리석 부조 조각 '엘긴 마블'을 말한다. 엘긴 마블은 파르테논 신전 외벽 상단에 길이 163m로 장식됐던 프리즈(띠 모양의 부조)의 절반 정도에 해당하는 부분으로, 그리스가 오스만 제국에 점령됐던 19세기 초 당시 오스만 제국 주재 영국 외교관 엘긴 경에 의해 뜯겨 영국으로 옮겨졌다. 그리스는 1832년 오스만 제국 치하에서 독립한 후 줄기차게 이 문화재의 환수를 시도해 왔으나 뜻을 이루지 못했다. 영국 정부는 대영박물관의 소장품을 영구적으로 반출하는 것을 금지하는 법 조항을 앞세워 그리스의 반환 요구에 응하지 않아 왔다. 또한, 그리스에는 '엘긴 마블'을 보관할 적합한 공간이 부족하다는 구실도 반환이 어려운 이유로 꼽았다. 영국 측의 이런 주장에 반박하기 위해 그리스는 2009년 파르테논 신전을 품고 있는 아크로폴리스 언덕 기슭에 새로운 박물관을 개장, '엘긴 마블'을 포함해 대영박물관에 전시된 그리스 문화재들을 옮겨올 공간을 마련하기도 했다. 또, 2014년에는 할리우드 스타 조지 클루니의 아내이자 인권변호사인 아말 클루니를 포함한 법률 자문단을 고용, '엘긴 마블'의 환수 노력에 속도를 내고 있다.

(출처 : 연합뉴스, 2018.06.27. 그리스 총리 "영국, 파르테논 신전 대리석 반환하라"
https://www.yna.co.kr/view/AKR20180627158600109?input=1195m)

함께 생각해 봅시다

근대문명이 발전하던 시기의 대영제국과 같은 서구 열강들은 파르테논 신전의 대리석에서 피라미드에 안장되었던 미이라까지 수많은 문화유산을 약탈하여 본국으로 반입하였으며, 이를 박물관에 전시하여 관광객을 불러 모으고 있다. 그러나 식민치하에서 독립한 신생국은 약탈된 문화유산의 반환을 줄기차게 요구하고 있는데, 약탈된 문화재는 반환해야 하는가 아니면 현재 상태로 보관하는 것이 좋을까 ?

"약탈된 것이므로 반환되어야 한다.

vs

현재의 박물관에 보관하는 것이 좋다"

9장

유럽 문화의 이해(2)

스페인(SPAIN)

수도	마드리드(Madrid)	언어	스페인어
면적	50만 4,788㎢	종교	카톨릭 94%
위치	유럽 남서부, 북대서양과 지중해 연안	기후	지중해안: 지중해성 기후, 내륙: 대륙성 기후
인구	4,639만 명	화폐	유로(EUR)
민족	카스티야족, 갈리시아족, 바스크족, 안달루시아족	1인당 GDP	29,960 $ (IMF 2019년 기준)

1 열정과 투우의 나라

면적은 50만 4,788 ㎢(51위)이고 인구는 4천만 명이며 수도는 마드리드이다. 국민의 대다수는 카톨릭 신자이고 화폐는 유로를 사용하는 입헌군주제 국가이다. 따뜻한 태양과 이슬람 문화가 조화된 이국적인 문화 등에 힘입어 세계 3~4위 관광국가의 면모를 지닌 나라이다. 투우와 플라멩코의 나라, 태양과 집시의 나라, 남아메리카는 물론 필리핀에까지 영토를 확대했던 나라로, 유럽에서는 드물게 이슬람문화의 영향을 받아 이국적인 문화를 보인다. 대체로 낭만적이며 친절한 국민성을 갖고 있으며, 책임의식이 약하고 시간관념이 부족하지만 늦더라도 약속을 지키고, 춤과 노래를 즐기며 지역의식이 강한 면을 보인다. 스페인은 영어식 표현이며 현지인은 에스파냐라고 한다.

▲ 투우

2 다양한 문화를 꽃피운 스페인

5세기 중엽 게르만의 한 부족이 로마군을 정복하고 왕국을 세웠으나, 732년 프와티에 싸움에서 패배하여 이슬람 세력이 이베리아 반도를 지배하게 되었다. 스페인은 14세기 후반 국토회복 운동으로 강해진 카스티야 왕국과 아라곤 왕국으로 양분화 되었으며, 1469년 결국 이베리아 반도의 통일을 이루게 된다. 15세기는 왕권을 강화시키면서, 스페인의 절대왕정시대를 귀족층이 만들어 가면서 군사와 관료 기구를 정비하게 된다. 16세기에는 콜럼버스가 신대륙을 발견하였으며, 아프리카와 나폴리, 네덜란드 등을 식민지로 만들어 최고의 전성기인 스페인 제국을 만들어 내기에 이른다. 그러나 16세기 후반 네덜란드를 비롯한 식민지들이 독립을 하고, 또 스페인의 무적함대가 영국 함대와의 싸움에서 패한 직후 더불어 19세기에 나폴레옹의 침략까지 받게 되면서, 결국 스페인은 몰락하게 된다. 1900년대에는 스페인 내부에 내란과 쿠테타 등이 일어나게 되면서, 1975년 카를로스 국왕의 취임으로 민주화의 기반을 다지게 된 나라이다.

대서양의 해양성 기후와 지중해, 중앙고원지역의 대륙성기후, 강우량이 많은 북부 산악지대로 나누어진 스페인은 북서부 지역에는 리아스식 해안이 펼쳐져 있고, 동북쪽에는 피레네산맥이 프랑스와 경계를 이루고 있는 나라이다. 대체적으로 건조하고 강우량이 적은 편이며, 지중해 연안을 중심으로 지중해양성 기후, 내륙 고원 지방은 사막성 기후를 보이고 있다. 7, 8월의 수욕을 즐기는 사람도 있지만 북부 지방은 비가 많이 오고 추운편이다. 그래서 스페인을 제대로 여행하기 위해서는 여름에는 북부를, 겨울에는 남부를 여행하는 것이 좋다.

일반적으로 여행자들과 현지인들이 주로 이용하는 대중교통 수단이다. 요금이 저렴하고 연결이 잘 되어 이용하기 편리하다. 현재 마드리드에 지하철 운행 노선은 총 11개이며, 여럿이 여행하거나 며칠씩 마드리드에서 여행을 계획하였을 경우 보노메트로(Bonometro) 또는 Billet de 10 Viajes라는 10회용 티켓을 구입하는 것이 오히려 경제적이다. 우리나라와 이용방법은 거의 동일하다. 버스는 버스 정류장에서는 행선지와 이동 경로가 잘 나타나있지만 버스 앞에 쓰여 있지 않기 때문에 여행자들이 이용하기에는 불편하게 되어 있다. 그래서 많은 여행자들이 메트로를 이용하는 편이다.

▲ 파에야

스페인은 못 먹는 것이 없을 정도로 음식을 다양하게 조리하여 먹는 민족이다. 음식 문화도 다양해서 우리 입맛에 잘 맞는 음식도 상당히 많다. 또 유럽의 어느 나라 보다도 밤 문화가 발달하여 밤늦게까지 먹고 마시며 놀기 때문에 아침은 간단하게 해결하고, 점심에 세이스타를 즐긴 다음에 거하게 식사를 하는 민족이다. 그리고 아주 늦은 저녁에 간단하게 식사를 하는 편이다.

스페인은 가죽이 유명하고 이 제품들은 Alicante와 Baleares에서 만든 수제품들이 유명하고, 여행자들의 주머니 사정을 고려해서 부담 없고 저렴하게 구입하게 좋은 물건으로는 금속 수공예와 가죽제품 등이 구입해 볼만 하다. 관광지 주변의 면세점이나 벼룩시장에 구입하면 저렴하게 구입할 수 있다.

스페인 음악은 유럽 전통 음악의 강국으로 전 세계에 걸쳐 많은 영향을 미치고 있다. 그 중에서도 라틴 아메리카의 음악은 스페인 음악의 영향을 가장 많이 받은 대표적인 지역이다. 스페인은 오래전부터 몇 개의 왕국으로 분열되어 왔다. 그 영향으로 각 지역마다 독자적인 전통, 지방색, 방언을 가지고 있으며, 각 지방 고유의 음악을 가지고 있다. 스페인하면 제일먼저 집시들의 산물인 플라밍고를 떠올리게 되는데, 플라밍고는 태양의 정열을 담은 스페인의 음악으로 노래와 춤 연주가 함께하는 종합 예술의 결정체라고 할 수 있다. 플라맹고는 1900년도에 잠시 주춤하다가 1980년에 접어들면서 다시 스페인을 대표하는 음악 문화로 자리 잡았으며, 지금도 여전히 스페인을 여행하다보면 곳곳에서 울려 퍼지는 플라밍고의 전통 공연과 함께 스페인 사람들의 열정적인 음악성을 감상할 수 있을 것이다.

스페인 미술의 시작은 한마디로 표현한다면, 로마네스크 시대의 카탈루냐 미술이라고 할 수 있다. 이 시대의 미술은 소박하면서도 엄숙한 종교 감정에 넘쳐나는 특징을 가지고 있으며, 이 전통은 16세기 말 스페인 회화의 황금시대로 이어지게 된다. 고딕시애에는 프랑스 교회 건축의 본 보기가 되었으며, 로마네스크 시대에는 스페인 미술의 독자적인 전통을 수립하게 되었다. 스페인 회화로는 피카소를 비롯한 그리스, 미로, 추상적인 타피에스, 킥사르 등의 걸출한 미술가를 배출하였으며, 또 건축 분야에서는 스페인의 천재 건축가 A. 가우디를 비롯해서 수많은 바르셀로나 출신의 건축가와 화가들을 배출하였다, 이들의 작품성은 개성이 뚜렷하고 지금도 활발하게 작품 활동을 하고 있는 건축가도 있다. 실제로 가우디의 성가족 성당은 아직까지도 건축을 하고 있다.

참고 : 스페인의 유명한 축제

토마토 축제

스페인의 토마토 축제는 이젠 전 세계의 축제가 되어버려서 오히려 모르는 사람이 이상할 정도이다. 머리끝에서 발끝까지 토마토로 완전히 뒤범벅이 되는 축제로, 마치 축제라기보다는 토마토 전쟁이라고 해도 과언이 아니다. 스페인 발렌시아 지방의 작은 도시 부놀에서 이루어지는 축제로서, 매년 8월 마지막 수요일에 진행이 된다. 축제에 참여하는 방법은 의외로 간단하다. 트럭에 한차 가득 실려 온 토마토를 서로 마구 던지고 맞으면 된다. 단 하루, 단 2시간의 전쟁을 위하여 세계 각국의 수많은 관광객들은 스페인으로 몰려온다.

빰쁠로나 산 페르민 축제

산 페르민 축제는 스페인 북부 빰쁠로나에서 열리는 축제로서, 이 축제는 소를 마을에 풀어 놓고 투우장까지 주민들이 혼연일치가 되어 함께 소를 몰아가는 유명한 산 페르민 축제는 스페인 북부 빰쁠로나에서 열리는 축제로서, 이 축제는 소를 마을에 풀어 놓고 투우장까지 주민들이 혼연일치가 되어 함께 소를 몰아가는 유명한 소몰이(엔씨에로 : Enciero) 축제로서, 일주일간이나 계속되는 아주 재미난 축제이다. 산 페르민 축제는 7월 6일부터 시작한다. 그러나 축제 며칠 전부터 이 마을은 축제 분위기에 휩싸여 있다.

마을 골목골목에는 소몰이(엔씨에로 : Enciero)를 위한 방화벽이 설치되어 있다. 이렇게 첫날은 밤늦게까지 전 세계에서 몰려든 수많은 관광객들과 현지인들이 어우려져 신나게 시간을 보내고 다음날부터 전통적인 소몰이 축제가 시작된다. 소몰이(엔씨에로 : Enciero)들은 소몰이를 하면서 자신의 용맹성을 과시하기 위해 소 앞에서 신나게 뛰어가기도 하고 또 달려오는 소들을 아슬아슬하게 피하기도 하면서 소들을 투우장으로 몰아간다. 이렇게 축제를 진행하면서 사람들이 많이 다치기도 하지만 축제는 일주일 내내 지속된다.

투우(LA CORRIDA DE TOROS)

무어인에 의해 전래된 스페인의 국기(國技)이다. 1701년 필리페 5세의 즉위를 기념하여 이전에 궁중오락으로 행해지던 것이 공개되었다. 목축업의 풍요를 기원하며 소를 바치는 희생양 의식에서 비롯된 것으로 주된 관심사는 도살이 아니라 투우사와 투우의 솜씨이다. 악대의 연주 속에 3명의 투우사, 9명의 보조, 6명의 정리요원이 입장하여 24시간 동안 암흑 속에 가두어 흥분시킨 황소를 자극하게 된다. 보조요원에 의해 6개의 작살이 꽂힌 가운데 주인공인 투우사는 황소와 20여 분 간의 맞대결을 펼치는데 화사한 복장과 작은 움직임으로 뮬레타(막대기에 감은 붉은 천)를 움직여 황소를 피하는 동 작은 예술이다. 남부 프랑스, 포르투칼, 멕시코, 페루 등에서도 투우를 시행하나 나라마다 진행방식은 상이하다. 포르투칼은 소를 죽이는 것을 금지하며, 투우사의 안전을 위해 소의 뿔에 안전장치를 한 후 진행한다. 3월~10월 사이의 매주 일요일에 원형 경기장에서 시행하며 투우장과의 거리, 햇빛의 유무에 따라 좌석의 등급이 다르고, 스포츠 면이 아닌 문화면에 기사를 실을 정도로 관심이 높다.

플라멩코(Flamenco)

5C경에 이주한 집시의 춤과 노래가 안달루시아 지방의 전통 춤과 어울려 형성된 플라멩코는 춤과 팔마(손뼉), 사바티아드(벌을 구르며 내는 소리), 기타 반주와 노래로 구성된다. 그라나다와 세비야가 중심지이며 타블라오(Tablao)에서 공연하는데 레스토랑 형태와 극장 형태의 스테이지가 있으며 극장식에서는 입장료에 포함된 음료수를 마시며 감상한다.

3 대표도시

1) 바르셀로나(Barcelona)

▲ 구엘 공원

참고 : 안토니오 가우디(Antonio Gaudi Cornet)

가우디는 스페인을 대표하는 천재 건축가로서 1874년 재학시절부터 유명한 선배 건축가들과 더불어 작품 활동을 하다가 대학졸업 후 왕성하게 작품 세계에 몰두하게 된다. 그리고 1883년 성가족 성당인 사그라다 파밀리아의 설계를 맡게 되면서 그의 진가는 들어나게 된다. 또 그의 천재성을 잘 나타내어 주고 있는 구엘 공원은 1889년에 설계하였다. 1900년대에 접어들면서 그는 이전과는 전혀 다른 형태로 과거의 건축양식에서 벗어나 대담하게 공간을 활용하기 시작한다. 그의 건축가로서 천재성이 들어나기 시작한 것이다. 그러나 안타깝게도 1926년 교통사고로 바르셀로나에서 생을 마감하면서 결국 성가족 성당의 완성을 못 보게 되었다. 그러나 아직까지도 가우디의 뒤를 이어 성가족 성당을 건축하고 있다.

2) 마드리드(Madrid)

스페인 내륙 한 가운데에 자리 잡은 마드리드는 스페인을 가장 잘 느낄 수 있는 도시이다. 스페인의 문화와 역사 그리고 예술의 중심지이며, 정열적이고 강렬한 인상을 주는 플라밍고와 다혈질적이면서도 진지하고 약간은 살벌하면서도 거친 듯 한 분위기의 투우를 감상할 수 있는 곳이다.

▲ 시벨레스 분수

▲ 로얄 팰리스

4 매너 및 예절

말하기를 즐기는 성격인 만큼 겸손하게 응대하고, 대화를 막으며 일어서지 않도록 한다. 종교, 여성, 정치, 지역주의를 화제로 삼지 않는다. 우정과 신뢰, 의리를 중시한다. 13일의 화요일을 불길한 날로 생각한다. 신발을 벗어 발을 보이는 것은 결례이다. 노인과 여성을 배려하지만 비합리적일 때는 어른이라도 존중하지 않는다. 재촉한다고 해도 해결되지 않고 순서대로 알아서 진행되도록 기다리는 여유가 필요한 곳이다. 스페인 사람들과 약속하면 1~2시간은 기다리는 여유가 필요하다. 팁은 10%가 아니라 기분에 따라 준다. 첫 대면인 경우는 친근하고 정중한 태도로 악수를 한다. 친한 사이에는 포옹을 하고 볼 키스를 한다. 남성에게는 시뇨르(Senor), 여성은 시뇨리따(Senorita)를 붙이며, 결혼해도 여성은 성을 바꾸지 않는다. 인맥형성에 시간이 걸리며 옷을 잘 입어야 대접을 받는다. 아침에 전화를 하는 것은 큰 결례이다. 공중화장실은 시간에 따라 문이 닫히기도 하며 불편한 편이다.

식당은 물론 이발소도 예약을 해야 하는 예약문화권이다. 외식을 선호하며 지인을 식사에 초대하는 경우가 많다. 가정으로 초대할 때는 의례적 인사인지 진심인지 파악해야 한다. 반복해서 초대하는 것이 진심어린 초대이다. 초대를 받고 방문할 때 역시 준비할 시간을 주기 위해 한두 시간쯤 늦게 가는 것이 좋다. 방문할 때는 간단한 선물을 준비하는데 사탕이나 꽃이 무난하다. 다알리아, 국화는 장례식에 사용하는 꽃이다. 식당은 1~5개의 포크 수로 등급을 구분한다. 같은 메뉴일지라도 서서 먹을 때와 카운터 의자에 앉아 먹을 때, 천이 깔린 테이블을 이용할 때 각기 다른 요금이 적용되기도 한다.

커피를 마실 때 불거나 소리 내는 사람은 교양이 없는 사람으로 생각한다. 점심 식사는 2~4시 사이에 하고 저녁 식사는 9~11시 사이에 하는데서 알 수 있듯이 늦게 잠들고 늦게 일어난다. 음주문화는 첨잔문화이다. 식사 때는 비즈니스 관련 대화를 피하며 후식 이후에 한다.

헤어질 때는 반드시 작별 인사를 하며 '볼 키스'가 일반적이다.

TIP 여행시 주의해야 할 작은 상식

- 스페인은 유럽 선진국들과 마찬가지로 다양한 종류의 숙박들이 구비되어 있다. 아직까지는 다른 유럽에 비해서 물가가 저렴한 편이므로 숙소 가격은 그리 염려하지 않아도 된다.
- 치안은 대체로 양호한 편이나 바스크 분리주의자에 의한 테러의 위험성이 상존한다.
- 현금을 많이 소지한 것으로 인식하는 동양인 여행객을 대상으로 한 범죄가 많다.
- 범죄유형이 단순절도나 소매치기의 수준을 넘어 강도사건이 일어나고 있는바 신변안전에 주의해야 하며 야간 이동은 자제하는 것이 좋다. 매년 200여 건 내외의 한국인 여권분실 사고가 발생하는 등 EU 국가 중에서 관광객 관련 사고가 월등히 많은 나라이다.
- 스페인에는 이탈리아 다음으로 집시들이 많다. 그러므로 관광지 주변에서는 특히 이상하게 말을 거는 사람들이나 자꾸 주변으로 다가오는 사람들은 경계하는 것이 좋다. 순간적으로 주머니를 털어간다. 주의하자.
- 낮에는 시에스타가 있어서 이 시간에는 대부분의 상점들도 문을 닫는다. 그러므로 시에스타 시간대에는 박물관이나 미술관 등 시원한 장소에서 작품들을 감상하고 아침 일찍 혹은 오후가 되어서 관광지들을 여행하는 것이 좋다.

독일(GERMANY)

수도	베를린(Berlin)	언어	독일어
면적	357,042㎢	종교	개신교(27%), 카톨릭(29%)
위치	유럽중부	기후	북서부지역–해양성기후 남동부–대륙성기후
인구	8,240만 명	화폐	유로(EUR)
민족	게르만족(99%)	1인당 GDP	46,560 $ (IMF 2019년 기준)

1 게르만민족의 자부심이 넘치는 나라

▲ 크롬우 호록라우에 있는 라코츠브루크교

독일(Federal Republic of Germany)은 바덴-뷔르템베르크(슈투트가르트), 바이에른(뮌헨), 베를린, 브란덴부르크(포츠담), 브레멘, 함부르크, 헤센(비즈바덴), 멕클렌부르크-포어폼머른(슈베린), 니더작센(하노퍼), 노르트라인-베스트팔렌(뒤셀도르프), 라인란츠-팔츠(마인츠), 자르란트(자르브뤼켄), 작센(드레스덴), 작센-안할트(마그데부르크), 슐레스비히-홀슈타인 (키일)과 튀링엔(에르푸르트)의 16개의 연방주로 구성되어 있다. 맥주의 나라로 잘 알려있지만 장난감처럼 예쁜 도시와 오래된 역사를 간직한 고성으로도 유명하다. 제1, 2차 세계대전을 일으켰고 1945년 패전 후 동서로 양분되었다.

1972년 이르러 동, 서독이 UN에 동시 가입하였으며, 1990년 10월 3일 동서 화해의 기류를 타고 역사적인 재통일을 이루어 우리에게 평화통일 과정에 소중한 교훈을 주는 나라이다. 세계 최고의 자동차를 생산하며 냉철하고 검소한 삶으로 정평이 나 있다.

한번 정해 놓은 원칙은 반드시 지키는 습성을 가진 원칙에 철저한 국민이다. 이론적이고 합리적인 국민이다. 초등학교 때부터 교육 내용이 발표 위주로 되어 있어 사물에 대한 비판능력을 배양시켜 주며, 시비가 문제될 경우에는 반드시 논리적이고 합리적인 방법으로 대화를 통해 해결한다. 폐쇄적이고 냉정하다. 타인이나 이웃을 수용하고 이해하려 들지 않는 폐쇄성이 있다. 사회의 법규나 규정이 까다롭고 복잡하며 공공질서와 공중도덕을 최우선으로 실행하는 민족이다. 우직하나 자부심이 강하다. 잔꾀를 잘 부리지 않고 상대방이 논리적이고 합리적이면 수긍하고 따라가는 우직성이 있으며, 독일 민족에 대한 자부심은 지나칠 정도로 강하다. 약속시간을 잘 지키며 양심을 신뢰한다. 독일 경제 발전의 또 다른 힘은 기초과학 분야에서의 연구와 업적이 저변에 깔려 있었기 때문이다. 1933년 나치 정권이 들어설 때까지 31명의 노벨상 수상자를 배출하는 등 자연과학에서는 'Super Power'의 위치에 서게 되었다. 기술 장인정신이 아직도 살아 숨 쉬고 있다. 세계적인 명성을 얻고 있는 쌍동이표 칼, 가위의 경우 수공업 형태의 생산방식을 취하고 있으나 경쟁력을 잃지 않고 있다. 독일이 세계적으로 자부심을 가지고 있는 것은 자동차뿐만 아니라 제약, 주방용품, 도자기, 유리공예품은 고가이지만 그만큼 내구성이 좋으며 세계적으로 유명하다. 대표적인 브랜드로는 마이센(Meissen), 로젠탈(Rosenthal), 님펜부르크(Nymphenburg)가 있다. 이외 에도 캐주얼 의류, 문구류, 미술용품, 사진책 및 전문서적 등이 있다. 독일 상품에는 15%의 부가가치세가 붙지만 외국인 관광객에게는 공항에서 면세 절차를 거치면 환급된다. 'Tax-Free Shop'이라는 독수리마크가 면세협회 가맹점을 나타내는 표시이다.

2 원칙에 철저한 문화 특성

AD 1세기경 게르만 민족이 현재의 라인강과 다뉴브강 유역에 퍼져 있었고, 486년 프랑크 왕국을 세워 현재의 프랑스와 독일 서부지역을 지배하였다. 8세기에 들어 카알 대제 때 유럽 중앙부를 장악하는 거대한 왕국으로 성장했으나, 911년 프랑크왕국은 멸망하였고 새로이 독일왕국이 탄생하였다. 963년 오토 1세가 로마교황으로부터 황제의 대관을 받아 신성로마제국이 탄생하였다. 이 때 부터 독일의 지배자는 전 유럽의 지배자로 군림하기 시작했다. 1517년 종교개혁과 1618년부터 시작되는 30년 전쟁을 치렀으며, 1806년 프랑스 나폴레옹군에 의해 신성로마제국은 붕괴되고 말았다. 독일통일운동의 주도권을 장악했던 신흥왕국 프로이센은 제상 비스마르크의 지휘 하에 1866년 오스트리아를 장악했고, 1870년 나폴레옹 3세 휘하의 프랑스군을 무찔러 기반을 굳혔다. 1871년 독일제국이 결성되었고, 프로이센 국왕 빌헤름 1세가 황제 자리에 올랐다. 1918년 제1차 세계 대전(동맹군 측: 독일, 오스트리아, 오스만투르크, 불가리아/연합군 측: 영국, 프랑스, 러시아, 이탈리아, 일본)에서 항복하여 황제가 퇴위되었고, 바이마르공화국(Weimar, Die Republik von)이 들어섰다. 그러나 1933년 수상이 된 히틀러가 제2차 세계 대전을 일으켰으나, 1945년 패전으로 분단의 역사를 걷게 되었다. 그러나 1989년 11월 베를린 장벽이 무너지고, 마침내 1990년 10월 3일을 기해 45년 동안의 동서 분단을 청산하고 통일국가가 되었다. 대외적으로 EU 통합과정에서 주도적 역할을 하고 있다.

북서부지역은 해양성기후, 남동부는 대륙성기후를 나타낸다. 전반적으로 겨울은 한랭하며, 여름은 온화하나 변덕스러운 날씨를 보인다. 봄이 대체로 늦게 오므로 여름이 짧은 편이다. 12월부터 3월까지의 겨울은 라인강이 얼 정도로 추위가 혹독하다. 여름에는 가장 더운 달의 기온이 북부의 경우 17~18℃, 남부는 25℃로 서늘한 편이다. 햇빛을 볼 수 있는 기간이 짧아 많은 사람들이 일광욕에 상당한 관심이 많다. 여름철에는 간단한 스웨터를, 봄과 가을에는 따뜻한 재킷을, 그리고 겨울철에는 두꺼운 코트를 준비하는 것이 좋다. 독일을 방문하기에 가장 좋은 시기는 5~10월 사이로 특히 황금의 5월이 라는 말을 실감할 수 있을 정도로 5월은 독일이 가장 아름다운 때이다.

우리나라보다 8시간이 늦고 3월 마지막 일요일부터 9월 마지막 일요일까지의 서머타임 실시 기간에는 7시간 늦다. 여름 더위가 있지만 일교차가 크므로 긴소매 옷을 준비해야 한다. 11~4월에는 방한 장비를 단단히 준비하는 것이 좋으며 알프스에 가는 여행객은 장갑과 모자, 따뜻한 양말을 준비하는 것이 좋다.

전체적인 통계상으로 볼 때 종교는 가톨릭교와 개신교를 믿으며, 언어는 독일어를 사용한다. 종교의 자유가 있지만, 정부와 가톨릭, Protestant Established Church(EKD) 간에 종교 교육, 기독교 라디오, TV, 국가 채널을 통한 교회 등에서 긴밀한 협력이 이루어지고 있다. 반면에 통일 당시 동독 인구의 69% 이상이 교회와 전혀 연관을 갖지 않은 상태였다. 전국 공통으로 220V, 50Hz 이고, 콘센트가 한국과 다르므로 어댑터가 필요하다.

지방마다 특유의 요리가 나와 엄밀히 말해 획일적인 독일요리라는 개념은 별로 없다. 라인 강을 경계로 나누어 보면, 북부 독일은 바다에 가깝기 때문에 어패류의 요리가 풍부하고, 남부 독일은 전반적으로 기름기 많은 육류 요리가 많은 편이다. 독일의 대표적인 음식으로는 소시지와 맥주가 있다. 소시지는 독일어로 '부르스트'(Wrust)라고 하고, 그 종류가 300여 종에 달하며 끈기를 내기 위해 일체 다른 고기, 착색제, 화학조미료는 사용하지 않는다. 맥주는 독일인들의 취향, 기후 조건, 축제나 풍속에 관련된 행사에 잘 맞아 독일인들이 가장 즐겨 마시는 음료이다. 또한 독일인들의 식탁에서 빼놓을 수 없는 것이 감자이며, 독일요리에서 감자는 야채가 아니라 우리나라의 밥과 같은 것이라고 할 수 있다.

▲ 부르스트

참고 : 독일의 유명한 음식

독일요리(Deutsche Kueche) 

- 슈니첼(Schnitzel) : 얇게 썬 고기의 독일 풍 커틀릿
- 슈바이네 학세(Schweine Haxe) : 돼지 정강이 고기구이
- 슈바이네브라텐(Schweinebraten) : 돼지고기 로스트
- 마리니르터 헤링(Marinierter Hering) : 청어 절임
- 자우어브란텐(Sauerbraten) : 절임 쇠고기로스트

소시지 종류 

- 복크부르스트(Bockwurst) : 길고 두꺼운 삶은 소시지
- 커리부르스트(Curry Wrust) : 소시지를 구워 케첩과 카레가루를 발라 먹는다.
- 슈바르츠발더쉥켄(Schwarzwalder Schinken) : 특산 생고기를 훈제한 것으로 약간 신맛이 나고 맥주 안주로 많이 즐긴다.
- 프라거쉰켄(Prager Schinken) : 소금에 삶은 돼지고기

맥주(Bier) 

각 지방별로 특산 맥주가 따로 있을 정도로, 맥주의 질과 양이 세계적이다. 독일 맥주는 크게 헬레스(Helles), 필즈너(Pilsner), 색이 진한 뒨켈(Dunkles), 거품이 많이 나는 헤페바이젠비어(Hefeweizenbier)와 향기로운 크리스탈바이젠비어(Kristalweizenbier)가 있다.

와인(Wein) 

독일은 포도재배의 북쪽 한계지이다. 천천히 미네랄을 흡수한 포도에서 생산된 와인의 맛은 무엇과도 비교할 수 없는 귀한 향을 지닌다. 생산량의 80% 이상이 백포도주로, 입안에서 퍼지는 깊은 맛이 특징이다. 와인의 등급은 포도를 따는 방법과 수확시기에 따라 달라진다. 베레나우스레제(Beerenauslese)가 맛과 향이 좋은 최상급의 와인이다.

3 대표도시

1) 베를린(Berlin)

15세기 브란덴부르크 제국의 수도였으며 이후 18세기 초 프로이센 왕국, 19세기 후반 비스마르크의 제2독일제국의 수도였다. 제2차 세계 대전이후 폐허가 된 베를린은 프랑스의 꼬르뷔지 등의 유명한 건축가에 의해 이루어져 현대적 도시로서의 면모를 갖추게 되었으며, 20세기 들어 학문 예술의 전성기를 맞아 유럽 최대의 도시로 성장하고 있다. 독일 통일과 더불어 다시 독일의 수도가 된 베를린은 신생 독일의 중추로서 자리를 잡아가고 있다. 베를린과 포츠담(Potsdam)의 사적과 공원은 1990년, 1992년, 1999년 유네스코 세계문화유산으로 지정되었다.

▲ 겐다멘마르크트 광장과 독일 대성당

2) 드레스덴(Dresden)

옛 작센왕국의 수도였으며, 18세기 전성기를 구가했던 아우구스트 1세 때 호화롭고 웅장한 건축물로 가득 찬 도시였다. 당시 도자기와 유럽 각지의 미술품이 수집되었고, '엘베의 피렌체'라 칭송되기도 했던 예술과 문화의 도시이다. 제2차 세계 대전 중 대공습으로 모든 것이 잿더미로 변했으나 전후 충실히 재건되어 지금은 영화롭던 작센왕국 수도의 위용을 되찾아가고 있다. 독일 통일 후, 옛 동독 영토 중 가장 발전하고 있는 도시 중의 하나이며, 베를린에서 동유럽 국가 체코로 넘어가는 길목에 위치하고 있어 유레일패스를 소지한 관광객들에게 폭넓게 사랑받는 관광지이다. 드레스덴의 엘베 강(Elbe Valley) 일대는 2004년 유네스코 세계유산으로 지정되었다.

▲ 역사문화센터

▲ 구시가지의 엘베 강

3) 뮌헨(Muenchen)

인구 약 130만명의 뮌헨은 독일 제3의 도시이자, 남부 독일의 중심도시이다. 12세기 이래 700년 동안 독일에서 가장 화려한 궁정문화를 꽃피웠던 바이에른 왕국의 수도였으며, 16세기 이후에 번성하던 르네상스와 바로크, 로코코양식의 문화유산이 곳곳에 남아 있다. 바이에른은 풍부한 문화적·역사적 유산과 아름다운 자연의 매력으로 관광객들을 끌고 있다

▲ 마리엔플라츠 시장 광장

4) 하이델베르크(Heidelberg)

짙은 녹색의 숲을 배경으로 고풍스러운 옛 성들의 모습이 인상적인 낭만주의의 중심지 하이델베르크는 넥카강과 라인강이 합류하는 독일의 서남쪽에 위치해 있다. 1386년 제국의 7대 선제후 중의 하나였던 루프레히트 1세가 하이델베르크 대학을 설립하기 시작하면서 하이델베르크는 대학도시로 성장하게 되었다. 인구는 약 13만 명 정도이며 이중 27,000명 이상이 대학생이다.

▲ 하이델베르크 성

5) 프랑크푸르트(Frankfurt)

'뱅크푸르트'(Bankfurt) 라고 불리는 금융과 상업의 도시이다. 독일 최대의 공항이 있고 현대적인 건물들이 즐비한 도시이다. 8세기 샤를르마뉴 황제에 의해 많은 건물이 세워지기 시작하여, 12세기에 들어서 유럽 각국의 상인들이 모여들어 견본 시장을 세우기에 이르렀다. 매년 수많은 세미나와 국제회의가 개최되는 등 독일 최대의 컨벤션 센터이기도 하며, 유명한 프랑크푸르트 도서전(Book Fair)이 열린다.

6) 퓌센(Fuessen)

로맨틱 가도의 남단에 위치한 700년의 고도로 작지만 매력적인 도시이다.

웅장한 산봉우리와 아름다운 호수를 끼고 있으며, 해발 800~1200m의 고지대에 위치한다. 화가의 손을 빌려 그림으로 옮겨 놓은 듯한 중세 도시로 레히강(River Lech) 유역에 당당히 그 모습을 드러내고 있다.

▲ 노이슈반슈타인 성

7) 로텐부르크(Rothenburg)

로맨틱 가도의 하이라이트로 산 위에 성벽으로 둘러싸인 거리가 즐비하여 마치 중세로 타임머신을 타고 온 것 같은 착각에 빠져들게 한다. 로텐부르크에는 마르크트 광장과 시청사(Rathaus und Marktplatz), 슈피탈 성문(Spitaltor), 12세기에 세워진 마르쿠스탑(Markusturm), 중세풍의 정원 부르크가르텐(Burggarten) 등이 볼 만 하다.

▲ 프랑코니아

▲ 마켓 플레이스

8) 로맨틱 가도(街道)(Romantische Strasse)

로맨틱 가도는 독일 중남부 뷔르츠부르크(Wuerzburg)에서 남쪽으로 오스트리아와의 국경에 근처의 퓌센(Fuessen)까지의 약 360㎞에 이르는 휴양 도로이다. 중세 때 무역로이자 성지순례 길이었으며, 바로크·르네상스 양식의 중세풍 모습이 남아 있는 소도시들이 여행자에게 중세로 돌아간 느낌과 더불어 정갈하고 인상적인 독일을 심어 놓는다. 우리가 현재 '로맨틱 가도'라고 하는 것은 제2차 세계 대전 이후 관광객 유치를 위해 전략적으로 개발된 것이다.

참고

유스호스텔(Jugendherberge)

독일은 유스호스텔의 발상지이다. 독일어로는 '유겐트헤어베르게'(Jugendherberge)이다. 독일 국내에는 약 790여개 유스호스텔이 있다. 유스호스텔 운동은 2차 세계대전의 패망 후 여행을 통해 독일 젊은이들의 심신을 단련시켜 호연지기를 길러 주기 위해 1909년 독일의 젊은 교사 리하르트 쉬르만이 시작한 운동이다. 그는 학생들을 데리고 독일 전역을 수학여행을 하던 중학교를 이용하면 아이들에게 간소하고, 편안하며, 안전한 숙박 시설을 제공할 수 있다는 것에서 시작되었다. 그 후 이 운동은 유스호스텔 연맹을 창립하면서 전 세계로 확대 되었으며 여행을 통해 젊은이들이 세계의 모든 지역을 대상으로 자연에 대한 폭넓은 지식과 사랑 및 관심을 갖도록 고무시키고 각국의 문화적 가치에 대한 인식을 높이고 상호 교류를 하며 세계평화에 이바지 하는 범세계적 프로그램이 되었다.

옥토버페스트(Oktoberfest)

옥토버페스트란 뮌헨의 맥주축제이며, '10월의 축제'라는 뜻이다. 이 축제는 항상 9월 둘째 토요일부터 10월 첫째 일요일까지 열리며, 그 기원은 1810년 황태자 루트비히와 작센의 테레사 공주와의 결혼식을 축복했던 축하 행사에서 비롯되었다. 그 이래로 매년 민속의상을 입은 퍼레이드와 기사들의 경마대회를 재현하고 있다.

아우토반(Autobahn)

각 지방별로 특산 맥주가 따로 있을 정도로, 맥주의 질과 양이 세계적이다. 독일 맥주는 크게 헬레스(Helles), 필즈너(Pilsner), 색이 진한 뒨켈(Dunkles), 거품이 많이 나는 헤페바이젠비어(Hefeweizenbier)와 향기로운 크리스탈 바이젠비어(Kristalweizenbier)가 있다.

4 매너 및 예절

일반적인 서양 예절과 비슷하고, 감자와 생선을 자를 때는 나이프를 사용하지 않는다. 자신을 초대한 사람에게는 선물을 하며, 이때 포장되지 않은 꽃을 함께 선물하는데, 전통적으로 꽃은 언제나 홀수여야 하고, 붉은 장미는 연인을 위한 선물로만 사용되는 것으로 되어 있다.

상점이나 레스토랑에 들어갈 때에는 'Guten Tag(바이에른 지방에서는 Gruess Gott)'이라고 가볍게 인사하며, 나올 때에도 'Auf Wiedersehen'이라고 하지 않으면 상대방에게 불쾌감을 줄 수 있다. 공공장소에서는 껌을 씹지 않는 것이 좋으며 대화를 할 때 주머니에 손을 넣은 채 이야기하는 것도 실례이다. 결혼 전의 동거에 대해 관대하며 동성 결혼이 시행되는 나라이기도 하다.

명함 교환을 선호하는 편이다. 종교나 정치, 전쟁 등의 화제는 피하고, 축구나 맥주에 대한 얘기를 하는 것이 좋다. 파티, 공연장을 갈 때만 정장을 하며 복장으로 사람을 평가하지 않는다. 교통사고 발생 시에 상대에게 미안하다고 하면 자신의 책임을 인정하는 결과가 된다. 여성을 존중하는 문화가 철저해서 여성이 방에 들어올 때 일어서며, 여성이 서있는 동안에는 연령이나 지위에 상관없이 남성은 서있어야 한다. 악수는 강하고 짧게 흔들고 고개를 숙이는 일은 없다. 꽃 선물은 홀수로 하되 13송이는 삼가하며, 장미나 카네이션, 포장한 꽃은 삼간다. 독일인에게 장미는 구애를 의미한다. 선물을 포장할 때 흰색, 검은색, 갈색 포장지를 피한다. 테이블에서의 트림은 결례이며 식사 중간이나 후에 코를 푸는 것은 자연스럽게 생각한다.

▶ 슈니첼

감자, 생선을 자를 때 나이프를 사용하지 않는다. 상점, 레스토랑을 출입할 때 인사하지 않으면 무례한 사람으로 인식한다. 공공장소에서 껌을 씹는 것, 주머니에 손을 넣은 채 얘기하는 것은 결례가 된다. 베를린 등의 대도시는 전시회 · 문화행사가 많아서 관광객이분많다. 이러한 행사에는 예약이 필수이나 취소할 경우 위약금이 80~90%에 이르는 만큼 주의해야 한다.

화장실은 유료 화장실이 대부분이며 '신사(H. Herren), 숙녀(F. Frauren)'로 표시된다. 낚시를 하기 위해서는 각 주가 발행하는 낚시허가증이 있어야 한다. 상담 시에는 정장을 입어야 하며 '선 사업 후 친분'을 지켜 농담은 삼간다. 이국적인 작은 선물 외에는 뇌물이 통용되지 않는 문화이다.

상대적으로 열악한 구 동독지역에는 실업자가 많아서 외국인에 대한 혐오감을 지닌 사람들이 있으므로 여행 시에 자극하지 않도록 한다. 식사 중에 무릎위에 손을 놓는 것은 결례이다. 다른 민족과의 차별의식이 높은 반면 이탈리아. 프랑스 등에 문화적 열등감이 있다. 독일인은 칭찬하면 당황하며 칭찬 받으려고도 하지 않는다. 시간 엄수는 세계 제일이며 2~3분 늦는 것도 모욕으로 간주한다. 가식과 과장을 싫어한다. 성을 함부로 부르지 않으며, 성을 부를 때는 반드시 존칭을 사용하는데,

남성은 'Herr', 여성은 'Frau'를 앞에 붙이고 'Dr. Professor'등 직업명도 함께 사용한다.

TIP 여행시 주의해야 할 작은 상식

- 특급호텔에서부터 간단한 하숙집이나 숙박과 아침식사가 제공되는 곳에 이르기까지 선택의 범위는 다양하다. 고성호텔, 가스트호프(Gasthof), 게스트하우스 & 팡숑(Pension), 찜머(Zimmer), 유스호스텔 등 선택의 범위가 넓다.
- 치안은 양호하나 외국인에 반감을 가진 스킨헤드(신 나치주의)족은 주의해야 한다.
- 여권의 훼손이 있는 경우 불심검문에 대비해서 사진이 부착된 신분증을 휴대한다.
- 독일은 수돗물에 석회성분이 많으므로, 미네랄워터를 구입해서 마시는 것이 좋으며 가스 있는 물과 가스 없는 물의 두 가지가 있다.
- 화장실은 주로 유료 화장실이 많으므로 항상 약간의 잔돈은 준비해 두는 것이 좋다. 화장실에서의 남녀구분은 '신사'(Herren), '숙녀'(Damen)로 표시되거나 H와 D로 간단히 표기하기도 한다.
- 독일에서는 허가 없이 낚시를 할 수 없다. 각주에서 발행하는 독일 낚시 허가증을 받아야 한다.
- 팁의 경우 5~10%가 좋다.

사례연구 스페인의 대표적인 음식은 우리에게 많이 알려진 메뉴도 있다

- 하몽 : 하몽은 소금에 절여 건조했기 때문에 시간이 지나도 맛이 변하지 않고, 천장에 걸어두고 먹을 수 있다는 특징이 있다.

- 타파스 : 스페인 사람들은 아침, 점심, 저녁에 간식 두 번까지 다섯 끼를 먹는데 점심과 저녁 후에 먹는 대표적인 음식이 바로 타파스이다. 원래 유리잔에 음료수나 술을 채운 후 파리로부터 음료수를 보호하기 위해 빵 한 조각을 올려놓던 것이 그 기원인데 현재는 작은 접시에 소시지, 샐러드, 절인 생선, 치즈 등 셀 수 없이 다양한 재료와 종류들로 만든 작고 간단한 요리들을 말한다.

- 빠에야 : 세계에서 가장 비싼 향신료 샤프란을 넣어 보기만 해도 한입 먹고 싶어지는 노란 색깔의 해산물 볶음밥 빠에야와 바삭바삭한 오징어 바게트가 그것이다.

- 가스파쵸 : 차가운 토마토 수프, 토마토 퓌레와 피망, 양파, 오이 등을 갈아 넣어서 만든 수프로 안달루시아 지방에 발달해 있다. 시원하고 조리하지 않은 생야채라서 몸에 금방 흡수되어 원기를 회복시키는 점으로 인기를 얻고 있다.

- 알푸하레나 요리 : 남부 안달루시아 산악지대의 알푸하레나 요리는 그 지역에서 풍부한 송아지, 토끼, 메추라기 등으로 만드는 특별한 요리이다. 이슬람교문화권의 영향으로 이슬람교요리 중에는 양고기 미트볼과 석류 씨로 만든 양고기 요리가 있다.

(참조 : 글로벌시대의 음식과 문화, 2006. 7. 30., 우문호, 엄원대, 김경환, 권상일, 우기호, 변태수 https://terms.naver.com/entry.nhn?docId=2805400&cid=42807&categoryId=55604)

함께 생각해 봅시다

여행 및 운송수단의 발달로 세계의 식문화는 점차 발전하여 다른 나라 음식도 자국에서 판매되는 음식점이 많이 생겨나고, 이전에 없던 새로운 메뉴도 생겨나고 있다. 우리나라에서 판매되는 스페인 식당은 스페인 본토의 음식 맛과 메뉴얼을 고집하는 것이 좋은지? 우리나라 식문화에 맞도록 변형된 스페인 식당도 좋은지 생각해보자.

"본토의 음식을 유지해야 한다.

vs

우리나라 기호에 맞게 변형한다."

10장

유럽 문화의 이해(3)

이탈리아(ITALY)

수도	로마(Rome)	언어	이탈리아어
면적	약 30만 1277㎢	종교	카톨릭(85.7%)
위치	유럽남부, 지중해 연안 이탈리아 반도	기후	지중해성
인구	약 5,929만 명	화폐	유로(EUR)
민족	라틴족	1인당 GDP	32,950 $ (IMF 2019년 기준)

1 풍부한 문화유산을 가진 나라

▲ 콜로세움

이탈리아의 정식 국명은 이탈리아공화국(Repubblica Italiana)이며, 지중해의 중앙에 돌출한 장화모양의 이탈리아반도와 70여 개의 섬으로 이루어져 있다. 북쪽은 알프스를 경계로 프랑스, 스위스, 오스트리아와 인접하고, 동쪽은 슬로베니아, 크로아티아, 보스니아헤르체고비나와 함께 아드리아해를 안고 있으며, 서쪽은 티레니아해, 남쪽은 이오니아해에 닿아 있다. 이탈리아는 전 세계의 모든 사람들이 가보고 싶은 나라 가운데 첫 손가락에 꼽을 정도로 사람들을 유혹하는 묘한 매력을 가진 나라이다. 이탈리아를 찾는 모든 사람들은 옛 시대의 장엄한 유적지에서 현재를 떠난 듯한 느낌을 받는다. 지중해의 강렬한 태양아래 옛것과 현대의 첨단 유행을 융합시키며 이탈리아는 그만의 독특한 매력을 뽐내고 있다.

다민족을 이루고 있기에 국민성도 다양하다. 이탈리아인들은 오랜 역사에 의해 관습을 중요시하며, 현실적이다. 특히 가족애가 강하고 삶을 즐길 줄 알며 낙천적인 특성을 지녔다. 인간관계 측면에서는 타인에게 친절하지만 개인적 독창성을 중시하는 경향이 강하다. 출신지역, 직업, 계급에 대하여 폐쇄적인 면을 보이며 이민족에게는 배타적인 시각을 가지고 있어 이민자들이 초기에 정착하기 힘들다. 그러나 사람들을 대할 때는 관대한 편이다. 타인의 잘못에 대해 너그럽게 이해하는 성격을 지녔기에 본인의 잘못 역시 상대가 이해해 주길 바라는 심리가 자리 잡고 있다. 이러한 성격으로 상거래시 신뢰가 떨어진다.

2 사람을 유혹하는 이탈리아의 문화 특성

BC 7세기부터 도시국가를 형성하였고, 로마시대에 카르타고와 세 차례에 걸친 포에니전쟁으로 지중해의 패권을 완전 장악하면서 남부의 이탈리아 땅이 로마의 지배를 받게 되었다.

이탈리아는 수세기 동안 정치적인 분열이 있었지만, 13~16세기 베네치아, 피렌체, 밀라노 등이 상업도시를 이루면서 르네상스와 서구문화의 중심지를 이룬다. 프랑스 혁명은 이탈리아의 신흥시민계급에게도 큰 반향을 일으켰으며, 1831년 복고체제에 맞서기 위하여 카르보나리당 등 비밀결사를 조직하고 이탈리아 독립운동을 펼친다. 1866년에 베네치아, 1870년 로마교황청이 합병되면서 하나의 통일국을 달성한다. 통일 후 이탈리아에는 온건개혁노선의 우파와 급진공화주의자 마치니의 계보를 잇는 좌파 간 싸움이 일어났다.

이탈리아는 제1차 세계 대전에서 3국 동맹(독일, 오스트리아, 이탈리아)이 패하면서 전쟁 후유증으로 경제적 불안이 일어난다. 이러한 상황은 베니토 무솔리니가 정권을 잡으면서 파시즘으로 이어진다. 1922년 왕의 명령에 따라 내각을 조직한 무솔리니는 사회당과 공산당을 배제시켰고 왕과 대자본가의 지지를 배경으로 독재체제를 이룬다. 그는 1936년 로마-베를린 동맹을 맺었고, 1937년 국제연맹의 탈퇴와 동시에 독일 · 일본과 방공 협정을 맺는다. 이에 힘입어 이탈리아는 제2차 세계 대전의 주역으로 참전한다.

제2차 세계 대전이 끝난 후 1946년 이탈리아는 공화국으로 선포하고 제2차 세계 대전의 패전의 불명예를 떨쳐버리고 정치적 안정을 이루기 위해 노력한다. 같은 해 국민 투표를 실시하고 군주제를 폐지하였으며, 1947년 소집된 제헌의회가 신헌법을 채택함으로써 '이탈리아공화국'으로 거듭난다. 1970년대 이후 이

탈리아 정치적 혼란은 있었지만 경제와 문화는 안정되어 있다.

이탈리아는 사계절의 변화가 분명하지만 온화한 지중해성 기후로 전체적으로 우리나라 기후보다 약간 덥다. 그러나 북부지역은 아펜니노 산맥의 영향으로 대륙성 기후를 나타낸다. 4월에서 10월이 관광하기에 가장 좋은 시기이며 8월은 관광객이 가장 많은 시기로 교통도 복잡하다. 강수량은 연평균 600~1,000㎜로 북부지방으로 갈수록 강수량이 증가한다. 강수일수는 계절적으로 편중되지는 않으나 주로 가을에 비가 많이 내리며, 여름에는 햇볕이 강렬하나 습기가 없어 그늘에 들어가면 시원하여 지낼 만하다.

여름에도 밤에는 기온이 많이 내려가므로 가디건이나 얇은 스웨터를 준비하는 것이 좋으며, 가을에는 비가 자주 내리므로 우산이나 우비를 가져가도록 한다. 특히 교회를 방문할 때에는 민소매 차림이나 노출이 심한 옷, 짧은 치마나 짧은 반바지는 피하도록 하며 여름에는 햇볕이 강렬하므로 모자와 선글라스를 필히 준비한다.

국민의 대부분은 가톨릭을 신봉하고 있다. 1929년 라테란 조약에 의해 로마 가톨릭교를 국교로 정하였으나 1984년 국교로서의 지위가 종결되어 교육기관의 의무적 종교교육이 폐지되었으며 국가의 재정지원도 축소하였다. 이외에 개신교도들도 있으며 제3세계에서 온 이민자가 이슬람교를 믿고 있다.

통화 단위는 유로(Euro)로 2002년 3월부터 이탈리아 리라를 대신하여 전면 사용되고 있다. 우리나라보다 8시간이 늦고 3월 마지막 일요일부터 9월 마지막 일요일까지 서머타임을 실시한다.

이탈리아는 '쇼핑의 천국'으로 최고급 디자이너 상품에서 뒷골목 벼룩시장까지 다양한 쇼핑을 즐길 수 있다. 핸드백, 지갑, 장갑, 구두, 재킷 등의 가죽제품은 이탈리아가 세계적으로 내세울만한 쇼핑품목으로 이탈리아 산 가죽 제품은 그 가공처리 기법이 수백 년 동안 전수되어 내려와 굳이 유명브랜드가 아니더라도 품질이 매우 우수하다.

참고 : 세계의 패션을 리드하는 이탈리아의 디자이너 3G

이탈리아 출신으로 세계적인 디자이너인 지아니 베르사체와 조르지오 아르마니 그리고 지안프랑코 페레는 이탈리아를 중심으로 하는 프레타포르테(기성복)를 파리 오트퀴트르(의상실의 맞춤복)와 대적할 만큼 키워 놓았다. 현재는 의류뿐 만 아니라 가방, 신발, 향수와 홈 어패럴, 라이선스 사업으로 이탈리아적인 감각을 세계화시키고 있다.

이탈리아의 음식은 소박하지만 풍성하며 재료의 맛을 그대로 유지하는 것이 특징으로 맛도 뛰어나다. 르네상스 시절 이탈리아 최고의 명문 가문이었던 메디치가의 딸이 프랑스 왕가로 시집가면서 집안의 요리사를 데리고 가 프랑스 요리가 발전하였을 만큼 역사도 깊다. 대표적 요리인 '파스타(스파게티)' 와 '피자' 뿐만 아니라 다양한 해산물 요리가 유명하며 지방에 따라 그 맛이 다양하다.

파스타(Pasta)는 재료에 따라 150여 개, 면의 형태에 따라 600여 개의 종류로 나뉜다. 기원전 3000년경 중국의 국수가 1295년경 마르코 폴로에 의해 이탈리아로 들어왔다고 전해진다. 그밖에 밀가루 반죽을 먹기 쉽도록 잘라서 굽다가 점차 발전하였다거나, 그리스신화의 '대장간의 신'인 헤파이스토스가 파스타를 만드는 기구를 발명하였다거나, 기원전 5000년경 이탈리아 중서부의 고대국가인 에트루리아족이 만들어 먹었다는 등의 여러 가지 이설이 있다. 13세기경부터 보급되기 시작한 파스타는 면이 긴 파스타와 짧은 파스타가 있다. 피자는 얇은 빵 반죽 위에 토핑을 얹고 치즈를 뿌린 것으로서 전통 화로에 구우면 바삭바삭하고 깔끔한 맛을 느낄 수 있으며, 소스나 재료에 따라 그 종류도 다양하다. 샐러드는 우리 입맛에 맞는 올리브유와 포도 식초, 마늘, 겨자가 들어가 미각을 자극한다.

참고 : 젤라토와 에스프레소

이탈리아에 가면 반드시 맛보아야 할 것이 2가지가 있다. 바로 스페인광장과 트레비분수 근처에서 맛볼 수 있는 '젤라토(아이스크림)'와 설탕을 듬뿍 넣은 진한 '에스프레소' 한 잔. 무더위에 정신이 혼미할 때 정신이 번쩍 나며 기가 막힌 맛을 선사한다.

3 대표도시

1) 로마(Rome)

1786년 겨울 괴테는 독일 제상의 자리를 버리고 홀연히 이탈리아로 떠나「나의 이탈리아의 기행」이라는 저서를 남겼으며 그 책의 서문에 이렇게 썼다. "나는 이제야 내 젊은 날의 꿈을 실현하였다." 이와 같이 모든 세계인들이 극찬해 마지않은 로마는 티베레강 하류에 접해 있으며, 대부분이 구릉지대로 이루어져 있다. 7개의 언덕을 중심으로 그 삶의 역사를 시작하여 수천 년 동안 만들어낸 역사와 전설, 기념비로 가득 차 있으며 도시 전체가 박물관이자 미술관이고, 또한 매일매일 바쁘게 움직이는 현대 이탈리아인의 생활 터전이기도 하다.

약 2,700여 년 전에 건설된 로마는 처음에는 로마제국의 중심부로, 나중에는 가톨릭교회의 심장으로 세계 도처에 막대한 영향력을 행사하고 있으며 유럽관광의 메카이기도 한 곳이다. 특히 어느 것 한 가지도 버릴 것 없이 도시 구석구석이 역사의 현장이다. "로마는 하루아침에 이루어진 것이 아니다.", "모든 길은 로마로 통한다." 등의 숱한 격언과 함께 남아있는 위대한 역사적 유산과 오랜 전통을 자랑하는 옛 것이 살아 숨쉬는 도시이다. 로마의 역사지구는 바티칸 시국을 포함하여 1980년과 1990년에 유네스코 세계문화유산으로 지정되었다.

▲ 포로 로마노

2) 바티칸 시국(Vatican City State)

이탈리아의 수도인 로마 안에는 바티칸이라는 또 하나의 국가가 있다. 세상에서 가장 작은 독립국으로 잘 알려져 있는 이곳은 전 세계 가톨릭의 총본산이라는 성스러운 의미 외에도 미켈란젤로와 고대 그리스 로마의 불후의 명작들을 직접 감상할 수 있는 이탈리아 예술의 보고이기도 하다.

▲ 성 베드로 광장

(1) 성 베드로 대성당

로마시대 순교자를 처형했던 공동묘지였으며 베드로의 무덤에 성당이 세워진 것은 서기 326년 콘스탄티누스 대제에 의해서다. 당초에 세워진 바실리카식 성당은 그 후로 1200년이 지나 낡게 되자 1506년 교황 율리우스 2세(217대 교황)에 의해 개축이 시작되었다. 공사 기간 도중 면죄부의 남발과 종교개혁 파동으로 공사가 부진한 적도 있었으나 미켈란젤로와 그의 제자들에게 의해 작품이 진행되어 마침내 1626년 11월18일 교황 우르반 8세 때 준공되었다. 120년간이라는 긴 세월을 거치면서 미켈란젤로의 설계와 구상, 그의 제자 델라 포르타와 카들로 마데르소가 옥상 돔과 성당 정면 부분을 완성함으로써 완공된 것이다. 이곳의 중앙에는 교황의 제단이 있으며, 잔 베르니니가 동으로 만든 걸작품 천개로 덮여 있다. 성당 내부 6만 명을 수용하는 거대한 홀은 길이가 현관을 포함하여 211.5m이며, 천장높이는 45.44m이다. 성 베드로 성당에서 가장 눈에 띄는 조각은 미켈란젤로의 '피에타(Pieta) 상'이며 미켈란젤로의 걸작인 성당의 돔은 전 세계에서 가장 크다. 특히 돔 밑의 마르코 성인이 들고 있는 펜은 길이가 무려 1.65m나 되지만 절묘한 원근감으로 사람들의 눈에는 작게 보인다고 한다. 왼쪽 계단은 교황들의 지하 묘로 향한다.

3) 나폴리(Napoli)

세계 3대 미항의 하나로 남부 이탈리아의 중심 도시이다. 일찍이 고대 그리스 인들이 아름다운 환경, 온화한 기후를 찾아 이곳에 정착한 것은 BC 7C이며 소렌토와 고대도시 폼페이로 가는 길목에 있다. 나폴리 역사지구는 1995년 유네스코 세계문화유산으로 지정되었다.

4) 폼페이(Pompeii)

AD 79년 8월 24일, 인구 2만의 도시 폼페이는 베수비오 화산의 폭발로 화산재에 파묻혀 한순간에 사라지고 말았다. 19세기 들어 발굴이 시작되었으며, 드러난 유적은 당시의 높은 문화수준과 우아하고 합리적인 생활을 생생히 재현하고 있었다. 폼페이는 마치 2,000년 전 삶의 모습을 후대에 재현하기 위해 도시 전체가 화산재에 몸을 던진 형국이었다. 폼페이를 비롯해 베수비오 화산 폭발 시 파묻힌 도시들의 고고학적 유적은 1997년 유네스코 세계문화유산으로 지정되었다.

▲ 폼페이

5) 소렌토(Sorrento)

나폴리 민요 '돌아오라 소렌토로'로 유명한 곳이다. 나폴리만 남동쪽에 솟아 있는 소렌토 반도 끝의 단애 위에 있다. 주변에는 올리브와 오렌지, 레몬 과수원이 펼쳐져 있으며 언제 찾아가도 상쾌한 바닷가 휴양도시로 물가도 비교적 저렴하다. 이탈리아 여행에 지쳤다면 이곳 소렌토에서 하루쯤 푹 쉬면 이탈리아의 또 다른 매력을 느낄 수 있을 것이다.

6) 카프리 섬(Capri)

나폴리 만에 떠 있는 카프리는 세계적으로 유명한 관광지 '푸른 동굴(블루 그로또)'을 가지고 있는 섬이다. 나폴리에서 20마일 정도 배를 타면 도착할 수 있는 카프리의 풍경은 아름다운 자연과 예쁜 집들이 어우러져, 보는 이들의 탄성을 자아내기에 충분하다. 언덕, 절벽, 올리브 농장, 포도원과 정원의 테라스 앞에는 눈이 시리도록 푸르른 지중해 바다가 펼쳐져 있다.

▲ 카프리 섬

7) 베네치아(Venezia)

바다로 이어지는 석호 위에 발달한 '물과 운하의 도시'로, 9~15세기에 지중해의 상권을 장악했던 베네치아는 동서 문물의 합류 지점이었다. 영어로 '베니스'(Venice)라고 부르며 거주자는 약 30만 명이고 이탈리아 본토에서 약 4㎞정도 떨어져있다. 120개 정도의 작은 섬들이 400여개의 다리와 150개의 운하로 연결되어 있는 곳이다. 유리 공예와 베니스 영화제, 비엔날레, 가면무도회 등이 유명하다. 최근 지반의 침수현상이 심각하여 각 도시정부와 시민단체에서 복구 작업을 펼치고 있지만 '물의 도시'이전에 '침수의 도시'가 될 거라는 우려가 깊다. 베네치아와 석호 주변은 1987년 유네스코 세계문화유산으로 지정되었다.

▲ 산타 마리아 델라 살루트 대성당

8) 피렌체(Firenze)

14~15세기 메디치 가문의 후원에 힘입어 르네상스를 꽃피운 도시이다. 피렌체는 아르노 강가에 위치하며 영어로는 플로렌스(Florence)라고 하는데 약 46만의 인구를 지닌 토스카나 지방의 중심지로 도시 전체가 하나의 아름다운 작품으로 피렌체 역사지구 전체가 1982년 유네스코에 의해 세계문화유산으로 등록되었다.

9) 피사(Pisa)

피사는 피렌체 서쪽 80㎞ 지점에 있으며, 세계 7대 불가사의 중의 하나 인 '피사의 사탑'으로 널리 알려진 곳이다. 사탑이 있는 성당과 세례당, 국립미술관 등이 볼 만하다. 피사는 갈릴레오 갈릴레이가 태어난 곳이기도 하다. 피사와 두오모 광장은 1987년 유네스코 세계문화유산으로 지정되었다.

▲ 피사의 사탑

10) 밀라노(Milano)

알프스의 남쪽 롬바르디아 지방에 자리 잡고 있는 밀라노는 패션뿐만 아니라 북이탈리아 공업지대의 중심도시 및 역사 문화의 중심지로 발전하였다. 밀라노의 중심가는 두오모 광장으로 세계에서 가장 아름다운 쇼핑 거리로 일컫는 갈레리아 비토리오 에마누엘레 II(Galleria Vittorio Emanuele II)와 연결되어 있다. 이곳은 거대한 아케이드로, 전통 있는 유명한 카페와 부티크(boutique)가 줄지어 있으며 연중 수많은 전시회가 열린다.

참고

미켈란젤로(Buonarroti Michelangelo, 1475~1564)

인간의 본질과 신에 대한 찬미에 통해 사실적인 아름다움을 표현한 조각가이자 화가로 레오나르드 다빈치, 라파엘로와 더불어 르네상스 시대를 대표하는 예술가이다. 피렌체의 메디치가의 후원으로 프레스코 기법과 대리석을 반죽처럼 처리하는 최고의 조각기법으로 르네상스 최고의 예술가로 추앙받고 있다.

주요 작품

- 성 베드로 성당의 돔과 캄피돌리오 광장, 건축
- 최후의 심판(Last Judgement, 1541), 바티칸의 시스틴 성당, 회화
- 천지창조(Genesis, 1512), 바티칸의 시스틴 성당, 회화
- 다비드상(David, 1504), 조각
- 피에타(Pieta, 1499), 조각
- 성가족(Holy Family with the young Saint John, 1506), 회화

레오나르도 다빈치(Leonardo da Vinci, 1452~1519)

르네상스 당시의 모든 학문 분야에 정통한 레오나르도 다빈치는 역사를 통틀어 위대한 천재로 손꼽히며 예술과 과학이 절정을 이룬 이태리 르네상스 시대의 가장 중요한 화가, 조각가, 건축가, 발명가로 불린다. 그의 회화 분야에서의 혁명은 그의 사후 백년 이상 이탈리아 예술에 영향을 끼쳤고, 그의 과학적 연구, 특히 해부학, 광학, 수학, 조각, 토목, 음악 등은 현대과학의 수많은 발전을 가능케 하였다. 그의 대표작으로는 최후의 만찬, 모나리자, 동굴의 성모, 동방박사의 예배 등 이루 헤아릴 수 없다.

시오노 나나미

일본인으로 1964년 이탈리아로 건너가 어떤 공식 교육기관에도 적을 두지 않고 로마인 보다 더 로마인적으로 이탈리아와 로마에 대한 탁월한 해석을 수행하고 있다. 특히 로마와 르네상스의 역사현장을 발로 취재하면서 쓴 그의 글은 40여 년이 넘는 세월동안 기존의 관념을 파괴하는 도전적 역사해석과 상상력으로 수많은 독자층을 확보하고 있다. 대표작으로 「로마인 이야기」, 「르네상스를 만든 사람들」, 「이탈리아에서 보내온 편지」등 수십 편이 있다.

4 매너 및 예절

내용보다 형식을 중시하며 체면을 가장 소중하게 생각하는 문화이다. 체면을 지키기 위해 항상 최고의 복장 상태를 유지하며 그렇지 않은 경우 무시당한다. 가족 간의 결속이 강하고 어머니에 대한 사랑이 지극한 모계사회의 특징을 보인다. 부모, 자식, 친족 간의 결속력이 강하며, 가족 전원이 모여 식사하는 것은 엄격하게 지켜야 하는 전통 관습이다.

거리의 작은 가게도 들어가는 것은 물건을 구입하겠다는 의미로 옷가게의 경우 사이즈에 맞으면 되도록 사고, 둘러보기만 하면 싫어할 수 있기에 밖에서 신중히 생각하고 들어간다. 손가락을 턱에 댔다 떼었다하면 '귀찮다'는 의미이다. 자신의 귀를 만지는 것은 상대를 모욕하는 사인이므로 주의해야 한다. 베니스의 산마르코 광장에서 음식물, 음료를 취식하는 것이 금지되어 있다. 식사는 레스토랑에

서만 가능하다.

악수를 할 때 팔꿈치를 붙잡고 한다. 이는 상대방과 함께 있어서 즐겁다는 의미이다. 프랑스에 대한 화제를 좋아하지 않으므로 삼간다. 교회, 성당, 바티칸 등을 방문할 때는 반바지, 민소매는 입장을 금지한다. 학력에 대해 과시하는 관습이 있어서 대학 졸업자는 명함은 물론 실생활에서도 타이틀을 붙여 호칭한다. 가정을 방문할 때 장례식용인 국화꽃을 선물하는 것은 삼가야 한다. 사교적인 행사에서는 사업 이야기를 하지 않는 것이 예의이다. 연고와 외모, 체면, 격식을 중시하며 사고의 유연함이 지나친 융통성으로 변질되어 '이탈리아에서는 되는 일도 없고 안 되는 일도 없다.'는 말이 생겨났다.

하루 중의 정찬은 점심이며 식사 예절은 복잡한 편이다. 와인을 따를 때 일반적 방법인 라벨을 위로해서 병 아래쪽을 잡고 따르는 것은 '싸움을 거는' 사인이다. 테이블에서 빵 접시를 사용하지 않는다. 수백 종류의 파스타와 피자, 해산물요리가 유명하며 젤라토 아이스크림과 에스프레소는 이탈리아의 명물이다. 음식점은 같은 메뉴라도 서서 먹는 것과 앉아서 먹는 것은 가격이 다른 경우가 많다.

TIP 여행 시 주의해야 할 작은 상식

- 이탈리아 유스호스텔 연맹(AIG)이 이탈리아 전체에 걸쳐 운영되고 있으며 특히 북부 지역에 많은 유스 호스텔이 있다. Affittacamere(민박)는 한국인이 운영하는 것과 현지인이 운영하는 것이 있으며, 배낭여행객들에게 인기가 있고 가격이 싼 편이다. 대도시들에서 여성 여행자만을 위해 종교적인 관습에 의해 운영되는 기숙사 'Protezione della Giovane'를 운영하고 있는데 숙박료도 저렴하고 수준도 높은 편이다.

- 단기 방문이 아닌 이탈리아에 체류하는 경우 외국인은 입국 후 8일 내에 우체국 및 경찰서를 방문해서 체류 허가증을 발급받아야 한다.
- 이탈리아는 원래 '소매치기의 천국'이라고 알려 있을 정도이다. 현금을 보이거나 가방을 뒤로 매는 것은 항상 조심하도록 한다.
- 팁은 'Mancia'라고 하며 레스토랑이나 택시 등에서 약 10~ 15%의 팁을 주어야 한다.
- 일반 상점에서 미화(US Dollar)를 받지만 환율의 차가 커서 손해를 보는 경우가 있다. 따라서 'Cambio'라고 부르는 환전소에서 바꾸는 경우가 보통이다.
- 박물관들을 어렵게 찾아 갔는데 시간이 맞지 않아 입장을 못하는 경우도 많다. 미리 운영 시간과 휴무일을 알아보는 것이 필수이다.
- 이탈리아의 성당들은 종교 시설이지 박물관이 아니다. 바티칸 성당 같은 경우 복장에 대한 드레스코드가 있기 때문에 여성은 소매 없는 옷, 남성은 반바지 차림을 삼가야 한다.
- 이탈리아의 국·공립 병원은 외국인 관광객도 필요시에 응급처치와 수술을 제공하며 비용은 추후에 청구된다.
- 로마는 공중화장실이 적어서 찾기 힘들다. 역의 화장실은 거의 유료이다.

사례 연구

르네상스, 메디치, 두오모. 이 세 단어가 떠오르는 도시, 피렌체.

르네상스의 유산 그 자체 : 피렌체의 모든 길은 두오모로 통한다고 할 만큼 우뚝 서 있는 두오모는 어디서나 찾기 쉽다. '두오모(Duomo)'는 영어의 돔(Dome)과 같은 의미로, 이탈리아어로는 대성당을 말한다. 피렌체 두오모의 본래 이름은 '산타 마리아 델 피오레(Santa Maria del Fiore)'. '꽃의 성모 마리아'라는 뜻이다. 소설이자 2001년 개봉한 영화 〈냉정과 열정 사이〉에서 남녀 주인공은 10년 만에 재회하는 곳으로 두오모를 선택한다. 영화 이후 두오모는 사랑과 재회, 낭만의 장소로 인식되었고 세계의 연인들은 영화 주인공처럼 두오모에 올라 사랑을 약속한다.

피렌체 르네상스의 후원자, 메디치 : 피렌체 르네상스를 이야기할 때 빼놓을 수 없는 것이 메디치 가문(Medici Family)이다. 메디치가는 고리대금업으로 시작해 은행업, 부동산 투자와 다양한 사업으로 막대한 부를 축적했고 15~17세기까지 피렌체의 정치, 경제, 종교를 쥐락펴락했다. 메디치 가문이 여전히 인정받는 이유는 다빈치, 미켈란젤로, 라파엘로, 브루넬레스키, 마키아벨리와 같은 수많은 예술가와 사상가를 후원했기 때문이다. 수준 높은 예술로 피렌체를 장식하고, 르네상스라는 역사의 새로운 장을 연 배경에는 메디치가가 있었다.

미식가들이 찾는 맛의 도시 : 피렌체의 꽃은 또 있다. 피렌체의 명물, '비스테까 알라 피오렌티나(Bistecca alla Fiorentina)' 즉, 피렌체 스테이크다. 거친 육질과 향이 감동을 준다. 처음엔 질긴 느낌이지만, 씹을수록 입안에 고소함이 폭발한다. 토스카나 지역에서는 와인도 빼놓을 수 없다. 700년 가까이 26대에 걸쳐 와인을 만들어온 안티노리(Antinori) 와이너리의 명성은 대단하다. 꽃, 하늘, 바람, 흙. 모든 것이 한 잔에 들어 있다.

(출처 : 건설경제, 2020. 02. 06, "五感으로 르네상스를 맛보다"
http://m.cnews.co.kr/m_home/view.jsp?idxno=202002061010249230555#cb)

함께 생각해 봅시다

이탈리아는 풍부한 문화유산을 바탕으로 전 세계 관광객을 매료시키고 있다. 새로운 관광 상품의 개발보다는 보존의 관점에서 있는 그대로의 문화유산을 지키려 한 결과이다. 관광 자원을 확충하기 위한 지나친 개발은 기존 환경을 훼손시킬 수 있음을 유의해야 한다. 가치 있는 문화 양식을 다음 세대에게 계승하기 위한 방법은 무엇인지 생각해 보자.

11장

오세아니아 문화의 이해

오스트레일리아(AUSTRALIA) : 호주

수도	캔버라(Canberra)	언어	영어
면적	768만 6,850㎢	종교	개신교(27.4%), 가톨릭교(25.8%)
위치	남태평양과 인도양 사이의 오세아니아 대륙	기후	북부: 열대 남부: 온대 서부: 열대
인구	약 2,477만 명	화폐	호주달러(AUD, A$)
민족	영국계(36.1%), 호주계(33.5%), 중국계(5.6%), 인도계(4.6%) 등	1인당 GDP	53,830 $ (IMF 2019년 기준)

1 앵글로 색슨족 국가

오스트레일리아는 총인구 약 1,936만명으로 6개 주와 2개의 자치령으로 구성된 연방국가이다. 정확한 국가 명칭은 Commonwealth of Australia 이며, 인구는 뉴사우스웨일즈(New South Wales)가 가장 많고, 빅토리아 (Victoria), 퀸스랜드(Queensland), 서오스트레일리아(Western Australia), 남오스트레일리아(South Australia), 태스마니아(Tasmania) 순이다. 오스트레일리아는 해안에 인접하여 도시들이 발달하였으며, 대도시는 시드니(Sydney) 360만 명, 멜버른(Melbourne) 310만 명, 브리스베인 (Brisbane) 130만 명 등이다. 수도는 캔버라(Canberra)이며 정확한 명칭은 Australian Capital Teritory(ACT)로 인구는 총 30만 명이다.

광대한 국토에 적은 인구, 풍부한 자원, 높은 생활수준으로 인해 비경쟁적 사회 분위기를 갖고 있다. 평등주의 사상아래 개인존중 문화가 발전하였다. 과거 유럽인의 이민으로 백호주의가 존재했으나, 현재는 다민족과 함께 공동생활을 함으로써 백호주의는 점점 폐지되고 있다.

▲ 뉴 사우스 웨일스의 도시 풍경

2 광대한 국토에서 발생한 문화 특징

오스트레일리아는 1770년 영국의 제임스 쿡 선장이 보타니베이에 정박하기 전까지 애버리진(Aborigine)이라 불리는 호주 원주민들이 평화롭게 지냈던 지구 남반구(Down Under)대륙이다. 최초 이주자들은 미국독립 후 미국으로 보낼 수 없었던 죄수들이었으며, 이들이 최초 시드니 록스(The Rocks) 항에 도착함으로써 오스트레일리아 식민지 역사가 시작되었다.

1813년 오스트레일리아 알프스산맥을 넘어 목양의 적지를 발견하고, 메리노 양의 사육이 확대되면서 많은 유럽 이민자들이 들어왔다. 1840년 죄수 유형을 폐지하였고 1850년 식민지 의회와 헌법을 확립했다. 특히 1851년에는 금이 발견되면서 '골드러시'가 일어나 중국에서 채광 노무자들 수만 명이 이주하였고, 약 10년 후 인구가 1백만 명에 육박하였다. 1860년 '백호주의'(白濠主義) 조합이 생겨 백인만의 이민정책이 이루어졌다. 1901년 오스트레일리아 연방제가 탄생되었고 자치제가 이루어졌으며, 1926년 영국의 종주권을 인정하는 상태로 독립하였고, 1931년 '웨스트민스터 조약'으로 독립국이 되어 현재에 이르고 있다. 1958년부터 배타적 이민정책 '백호주의'가 완화되기 시작했으나, 이민정책은 현재에도 유럽인에 비해 유색인들에게 불리하게 적용되고 있다.

오스트레일리아는 남반구에 위치해 있어 계절이 우리나라와 정반대이다. 봄 9~11월, 여름 12~2월, 가을 3~5월, 겨울 6~8월이며, 여름은 우기로 평균기온은 27℃, 겨울은 건기로 13℃의 평균기온을 나타낸다. 전체 대륙이 남위 10°41′~43°39′에 걸쳐 있으며, 여러 개의 기후대를 가지고 있다. 대륙 북쪽으로부터 약 1/3은 열대우림기후이고, 나머지는 온대성 기후이다. 남극대륙에서 멀지 않은 호주대륙은 매우 건조한 지역이다. 국토의 약 70% 는 불모지이거나 거의 초목이 자라지 않는 땅이다.

오스트레일리아는 지역적으로는 매우 멀고 계절마저 반대지역이지만, 우리나라와 위도가 비슷해 시차가 거의 없다. 하지만 광대한 국토라 3개의 표준시가 있으므로 주와 주 사이를 넘어 이동할 때는 표준시차를 고려해야 한다. 무더운 열대지역이 있으며 남부 온대지역의 여름(12~2월)에는 낮에 따뜻하거나 더우나 밤에는 서늘하다. 또한 남부의 겨울(6~8월)에는 일반적으로 따뜻하게 입을 수 있는 옷이 좋을 만한 기후를 보인다.

총인구의 73%가 크리스트교이며, 가톨릭 26%, 영국성공회 23.9%, 장로교 3.6%, 정교회 2.7%, 침례교 1.3%, 루터교 1.3%로 세분화되어 있다. 그러나 12.7%는 무교이며, 12.3%는 종교를 밝히지 않고 있다. 이밖에 이슬람교도가 15만 명이고, 유대교도와 불교도 있다.

통화는 오스트레일리아달러(AU$)이며, 1달러(AU$)는 100￠(센트)이다. 지폐 단위는 5, 10, 20, 50, 100달러(AU$)가 있으며, 최근 50달러(AU$)의 폴리머(플라스틱 화폐)가 등장했다. 동전의 종류는 5, 10, 20, 50센트, 1, 2 달러가 있다.

오스트레일리아에서는 생필품은 아주 저렴하지만 공장 신설을 허용하지 않아 모든 공산품은 수입해야 하므로 비싸며, 사치품이나 기호품의 가격이 매우 비싸다. 옥스퍼드 거리(Oxford St.)에는 서점과 골동품 점, 패션의류, 잡화점 등 작고 독특한 상점들이 많고, 더블 베이(Double Bay)에는 고급스러운 중소 의류 매장이 많다.

오스트레일리아는 그 나라의 역사와 문화를 대표할 만한 전통음식이 없다고 할 정도로 열악한 환경이다. 다양한 이민들로 구성된 복합사회인 만큼 파스타, 스테이크, 바비큐와 같은 유럽음식을 맛볼 수 있으며, 아랍과 아시아계 이민들의 음식도 즐길 수 있다. 캥거루와 악어 고기, 에뮤 알 등 애보리진 들의 전통음식이 있으며, 특히 해산물이 풍부 하여 작지만 살이 두터운 생굴요리 록 오이스터(Rock Oyster)와 랍스터(Lobster) 그리고 퀸즈랜드산 머드 크랩(Mud Crab) 등이 많이 알려져 있다.

◀ 생굴요리 록 오이스터

3 대표도시

1) 시드니(Sydney)

시드니는 1770년 제임스 쿡 선장이 이끄는 탐험대에 의해 최초 발견된 가장 오랜 역사를 가진 도시이자 오스트레일리아 개척의 출발점이 된 뉴사우스웨일스(New South Wales)가 주요 도시이다. 세계 3대 미항의 하나이며, 2000년 하계 올림픽 개최지인 동시에 오스트레일리아 최고의 거점 도시라고 할 수 있다. 남위 34°에 위치하며, 남쪽으로 호주의 수도 캔버라, 북쪽으로 포트스테판과 이어진다. 기후는 온대성 기후에 속하나 해양성 기후의 영향으로 여름은 약 30℃이나 습도가 높지 않아 쾌적하며 겨울도 최저 기온이 −5℃ 이하로 내려가는 경우가 거의 없어 1년 내내 좋은 날씨이다. 봄 9~11월, 겨울 6~8월로 사계절이 우리나라와 정반대이다.

▲ 중심업무지구

시드니에서 서쪽으로 약 100㎞ 떨어진 곳에 우리에게 잘 알려진 블루마운틴(Blue Mountains) 국립공원이 있다. 시드니에서 자동차로 약 1시간 30분 소요되며 세 자매 봉(The Three Sisters), 경사 50°의 궤도열차, 케이블카, 폭포관광 및 삼림욕 등을 즐길 수 있다. 약 1,000m 대의 산맥을 뒤덮은 유칼립투스 나무에서 증발된 유액이 햇빛에 어우러져 빚어내는 푸른 안개현상으로 '블루마운틴' 이라는 이름을 얻게 되었다.

▲ 블루마운틴 세 자매 봉

2) 브리스베인

브리스베인 강 하류에 위치하며 '선샤인 캐피털'이라고 불릴 정도로 유명한 퀸즈랜드 주의 주도이다. 오스트레일리아의 제3도시이며, 인구는 약 160만 명으로 풍부한 자원과 관광산업의 활성화로 주목받고 있다. 1982년 연방 게임(Commonwealth Games)과 1988년 세계무역 박람회(EXPO)를 개최하면서 국제도시로 변모하였다.

▲ 킹 조지 광장

3) 골드코스트(Gold Coast)

퀸즈랜드주 브리스베인 남쪽으로 1시간 거리에 위치한 해변 휴양도시이며, 바둑판과 같은 구획으로 정리가 잘 되어 있다. 42㎞에 이르는 금빛 모래사장과 온난한 기후로 최상의 휴양지로서 조건을 갖추고 있다. 골드코스트에는 북쪽 사우스포트(Southport)부터 남쪽 쿠란가타(Coolangata)까지 아름다운 해변이 즐비해 있다. 특히 서퍼스 파라다이스 해변은 그 중 가장 유명하며, 해변 근처에 호텔, 쇼핑 아케이드, 레스토랑, 나이트클럽 등이 즐비해 있다. 이곳에는 다른 지역 보다 가족단위로 즐길 수 있는 엔터테인먼트가 마련되어 있으며, 씨 월드(Sea World), 드림월드(Dreamworld), 워너 브라더즈 무비월드(Warner Bros Movieworld) 및 웨트 앤 와일드 워터 파크(Wet & Wild Water Park) 등에서 즐거운 시간을 보낼 수 있다.

▲ 골드코스트

4) 캔버라

캔버라는 행정구역상 수도 특별구(ACT:Australian Capital Territory)에 속하며, 정치와 행정의 중심지로 총면적 약 2,400㎢로 빈틈없는 계획도시로 세계적으로 유명하다.

'캔버라'라는 말은 원주민 애보리진(Aborigine)의 언어로 '만남의 장소' 라는 뜻을 지니는데, 1901년에 창설된 연방정부의 수도를 놓고 시드니와 멜버른이 치열한 경쟁을 보이자 두 도시의 중간지역 캔버라가 뜻하지 않게 1909년에 수도로 지정되는 행운을 얻었다.

▲ 호주 의회

완벽한 도시계획의 걸 작품으로 알려진 캔버라는 방사선과 직선이 교묘하게 결합된 기하학적인 도시미와 인공적인 건축미가 함께 느껴지는 곳이다.

5) 앨리스스프링스

앨리스스프링스는 오스트레일리아의 레드 센터(Red Centre)로 불리는 중부 내륙의 중심지이다. '아웃 백'(Outback)이라고 불리고 있는 황량한 대지로 둘러싸여, 주위는 에어즈 록이나 킹스 캐니언으로 대표되는 기암군의 지역이다.

▲ Watarrka National Park

4 매너 및 예절

다민족, 다문화 사회를 지향한다. 인종, 종교, 국적의 차별을 하지 않는다. 유럽문화를 바탕으로 하나 호칭 등은 미국식이며, 흥정하는 관습이 없다. 비즈니스 상황에서는 선물을 하지 않는다. 저녁 식사에 초대를 받았을 때는 꽃, 와인, 초콜릿 등의 선물을 준비한다. 초대를 받았을 때는 약속시간 보다 10~15분 늦게 도착하는 것이 예의이다. 명함은 악수를 교환하고 자기를 소개한 뒤에 건네는 것이 예의이다. 상대방의 프라이버시에 속하는 종교, 정치, 나이, 결혼 여부, 소득 등은 묻지 않는다. 다른 사람들이 식사 중에는 흡연을 하지 않도록 하며, 음식물 찌꺼기는 식탁에 놓지 말고 접시의 가장자리에 놓는다.

담배를 피울 수 있는 곳이라 해도 옆 사람에게 양해를 구해야 한다. 담배의 가격이 6천~1만 원에 이를 정도로 비싸다. 대부분의 건물과 공공장소가 금연구역이다. 버스이용 시 앞좌석은 보통 노약자, 장애인을 위한 좌석으로 비워두는 것이 예의이다.

정해진 장소 외에서는 코알라의 스트레스를 감안하여 안아보는 것을 금하고 있다. 캥거루의 뒤에 멍하니 서있다가는 불안감을 느낀 캥거루의 뒷발에 차일 수 있다.

인사말은 "G' Day !"라고 한다. 카드를 통해서 감사의 표시를 한다. 존칭 없이 이름을 부르는 것은 친근함의 표시이다. 공공장소에서의 음주, 욕설, 방뇨, 성적 행동은 위법이다. 보이프렌드, 걸프렌드의 의미를 우리와 다르게 연인관계로 해석하는 만큼 사용에 주의해야 한다. 여성을 향해 윙크하는 것은 친한 사이에도 실례가 되는 행동이다. 결혼식에 축의금이나 답례품이 없고, 피로연의 음료수는 신랑 측이 연회비는 신부 측이 부담하는 관례가 있다.

대화중에 상대의 눈을 응시하는 것이 존경심과 경청하고 있음을 표시하는 행동이다. 재채기를 하게 되면 주위사람들이 'bless you'라고 해주는데 당사자는 'thank you'라고 응대한다. 공중화장실의 시설은 좋으나 숫자가 적다. 쇠고기보다 돼지고기, 닭고기가 더 비싸고 고급으로 인식하며 캥거루와 악어 고기요리가 독특하며 풍부한 해산물을 이용한 요리가 발달했다. 가정마다 사용할 수 있는 물의 양을 초과하게 되면 많은 벌금이 부과된다. 퀸즈랜드의 경우 샤워시간은 4분이다.

▲ 멜버른

뉴질랜드(NEW ZEALAND)

수도	웰링턴(Wellington)	언어	영어, 마오리어
면적	26만 8,130㎢	종교	개신교(38.6%), 로마가톨릭교(12.6%),
위치	오세아니아, 남태평양의 섬, 오스트레일리아 남동쪽	기후	온난해양성 기후
인구	약 474만 명	화폐	뉴질랜드 달러($NZ)
민족	앵글로색슨계 백인(90.3%), 마오리 원주민(9.7%)	1인당 GDP	40,630 $ (IMF 2019년 기준)

1 길고 흰 구름의 나라

▲ 뉴질랜드 국기

뉴질랜드(New Zealand)는 마오리어로 '아오테아로아'(Aotearoa)라는 말로 불리기도 하는데, '길고 흰 구름의 나라'라는 뜻이다. 뉴질랜드는 태고적 아름다움을 간직한 국가로 빙하에 의해 형성된 산과 강, 깊고 맑은 호수, 그리고 문명에 때 묻지 않은 넓은 휴양림과 길게 뻗은 해변, 키위와 다양한 여러 동물들로 어우러져 있다. 또한 뉴질랜드는 모험을 좋아하는 사람들에게 수많은 레포츠, 하이킹, 스키, 래프팅, 번지점프 등으로 더욱 유명한 나라이기도 하다. 우리나라와 비슷한 기후로 사계절이 뚜렷하여 농산물과 수산물의 천국이며, 특히 과일이 풍부하여 복숭아, 딸기, 밤, 버찌, 감, 수박, 참외 그리고 요즘 우리나라에서 즐겨먹은 양다래(Kiwi, 키위)는 뉴질랜드가 원산지이기도 하다.

2 원주민, 이주민의 혼합문화 탄생

뉴질랜드 지역 최초의 정착민이라 할 만한 사람은 폴리네시아에 살고 있던 마오리족이다. 1642년 공식적으로 뉴질랜드에 처음 상륙한 유럽인은 제국주의 전령사로서 인도네시아 수도인 자카르타 총독을 맡아보았던 에이벨 태즈먼(Abel Tasman)이다. 뉴질랜드의 경치가 너무도 아름다워 모국 네덜란드의 해안지방 젤란드 주의 이름을 따 '새로운 젤란드=New Zealand'라고 이름 붙였다.

1840년 마오리족과 영국 정부가 와이탕기(Treat of Waittangi)를 맺었고, 이 조약에 따라 마오리족은 문서상으로는 영국인이 되었고, 마오리족의 모든 주권은 영국인에게 넘어갔다. 영국인은 식민경영을 하지 않았지만, 일부 영국인의 토지수탈에 항의해 1860년 초대 마오리 왕 포타토우1세 아래 집결한 마오리군과 영국군은 12년 간 전쟁을 치렀다.

뉴질랜드는 1840년 와이탕기 조약이 체결이후 오랜 기간 영국령이었으나, 1907년 호주가 영국으로부터 독립하면서 뉴질랜드도 자연스럽게 영국의 자치령이 되었다. 그 후 제1차 세계 대전 이후 다른 자치령들과 함께 베르사유 조약에 서명함으로써 뉴질랜드는 독립국가로 탄생하게 되었다. 1931년 영국의회가 뉴질랜드 통치권을 포기하였고, 1947년 웨스트민스터 법령을 수락하여 완전한 자치국이 되었다.

20세기 들어, 남태평양에서 중요한 위치를 차지하게 된 뉴질랜드는 마오리족에 대한 태도를 서서히 바꾸기 시작했고, 1975년부터 와이탕기 조약의 재검토를 시작해 원 계약 상태로의 복귀를 선언, 마오리족에게 불공정하게 몰수된 토지를 보상해 주었고, 교육과 제반 분야에 대한 투자를 지속하고 있다. 현재 뉴질랜드는 유럽과 마오리 문화를 조화시킨 독특한 문화를 형성하고 있다.

뉴질랜드의 기후는 지리적 위치와 지형을 잘 반영한다. 적정한 위도 상에 있고 바다에 인접해 있기 때문에 너무 덥지도, 춥지도 않다. 계절은 북반구와 정반대이다. 1, 2월이 가장 따뜻한 시기이고, 7월이 가장 춥다. 1월의 평균 최고기온은 남섬의 최남단 19℃, 북섬의 최북단 26℃ 정도이며, 7월 평균 낮 기온은 10~15℃ 사이이다. 거대한 산맥들은 뉴질랜드의 남북으로 걸쳐 있으며, 서쪽으로부터 밀려오는 찬 기온을 막아주는 역할을 한다. 여름철로 접어드는 10월의 마지막 월요일부터 3월의 첫째 월요일까지는 1시간 앞당겨지는 서머타임을 실시한다.

영국성공회(24%), 장로교(18%), 가톨릭(15%)로 구성되어 있다. 장로교를 제외한 침례교와 감리교를 포함한다면 개신교가 더 많다고 할 수 있다. 이외에 소수종교가 있으며, 총인구의 15%나 되는 마오리 중에는 약 20%는 종교를 갖고 있지 않다.

뉴질랜드달러는 보통 NZ$라고 표기하며, 동전은 5¢, 10¢, 20¢, 50¢, 1$, 2$ 짜리가 있다. 지폐는 5, 10, 20, 50, 100$ 짜리가 있다. 50$와 100$는 잘 사용되지 않는 큰돈이다. 호텔이나 은행 등의 공공기관 이외에는 미국달러(USD)가 잘 통하지 않으므로, 뉴질랜드달러로 환전해야 한다. 웬만한 신용 카드가 모두 통용되고 있다.

뉴질랜드 특산품은 양을 소재로 한 라놀린 크림, 양가죽과 양모제품 등이 있다. 건강식품으로는 세계에서 가장 품질이 좋다는 녹용제품과 마누카 꿀 그리고 뉴질랜드 나무제품, 로토루아 머드로 만든 천연기초 화장품 등이 유명하다.

▲ 마누카 꿀

목축왕국 뉴질랜드의 음식은 육류요리이며, 양고기인 램을 비롯하여 돼지고기와 소고기를 재료로 한 요리가 많이 있고, 최근 사슴사육으로 Venison이라고 부르는 사슴고기는 고급 레스토랑 메뉴의 하나로 인기가 많다.

해산물이 풍부하여 뉴질랜드 특산으로 크레이피시(Crayfish)를 들 수 있다. 피시란 생선이 아닌 랍스터의 일종으로 대형 새우를 말한다. 로토로아 지역에서는 항이(Hangi) 요리가 유명하며, 지열을 이용한 전통 요리법으로 각종 고기와 야채, 해산물, 감자 등을 땅속에 넣어 찐 것이다.

▲ 크레이피시

▲ 항이

3 대표도시

1) 오클랜드

오클랜드는 뉴질랜드 최대의 도시이자 경제와 문화의 중심지이다. 1840년부터 1865년까지 영국식민시대의 수도였으며, 전세계를 오가는 상선과 크루즈로 붐비는 도시이다. 오클랜드는 전 세계에서 1인당 요트 개수가 가장 많은 도시로 'City of Sails'라는 별칭을 갖고 있다.

▲ 중앙 업무 지구

2) 로토루아(Rotorua)

뉴질랜드 북섬의 중앙, 로토루아 호수와 타라웨라 산을 끼고 발달한 도시이다. 총 인구 66,000명의 그다지 크지 않은 도시이지만, 도시 전체가 유황 냄새로 진동하며 화산으로 형성된 도시이다. 현재 약 5,000명의 마오리인들이 전통을 이어가고 있는 마오리의 역사적인 문화적인 중심지이며, 온천과 간헐천, 머드 풀과 지열로 끓어오르고 있다. 방문객들은 호텔에서 마오리족의 민속춤인 하카 춤을 감상하며 그들의 독특한 식사인 항이 디너를 즐길 수 있다.

▲ 샴페인 풀 인 와이오타푸 테르말 리저브

3) 해밀턴

와이토모는 오클랜드 남쪽 200㎞ 지점에 위치하며 해밀턴에서 2시간 거리에 위치해 있다. 이곳에는 석회암지대라는 지역적 특성으로 여러 종류 동굴이 있으며, 특히 이곳에 서식하는 반딧불이 독특한 빛을 발생시켜 유명해 졌다. 원래 이 일대는 해안선이었지만, 대지의 융기로 석회동굴이 형성되었으며, 수백만 년 전의 어패류와 동물 화석이 발견되어 고고학적 가치가 높은 지역이다. 자원 보존을 위해 카메라와 비디오 촬영은 금지되어 있는 보호구역이다.

4) 웰링턴

웰링턴은 1865년 이후부터 뉴질랜드의 수도이다. 뉴질랜드에서 두 번째로 큰 도시로 금융과 예술의 주요 중심지이며, 북섬의 최남단의 항구 도시로 국내운송망의 요충지이다. 인구가 약 32만 8천명인 이 도시는'Windy Wellington'이란 애칭을 가질 정도로 바람이 심하여 인도를 걸어가다가 바람에 밀려서 차도로 내려가는 경우도 있다.

▲ 웰링턴 케이블카

5) 크라이스트처치

크라이스처치는 뉴질랜드에서 세 번째로 큰 도시로 인구 35만 명을 가진 국제공항을 갖춘 남섬 최대의 도시이다. '정원의 도시'라는 별칭으로 불리 울만큼 도시 구석구석이 깔끔하게 정돈되어 있다. 크라이스트처치는 우아하고 고풍스런 영국식, 고딕식, 식민지식 등의 다양한 건축양식을 접할 수 있으며, 웅장한 건축물과 우아한 공원들로 아름답게 꾸며진 고전적이고 매력적인 도시이다.

6) 퀸스타운

보석같이 아름다운 와카티푸 호수를 품안에 안고 있는 관광도시이다. 길이 77㎞에 이르는 와카티푸 호수는 그 주위를 빙 둘러싸고 있는 높은 산과 호수 주변의 그림 같은 마을의 풍경과 절묘한 조화를 이루고 있다. 퀸스타운에서 25분 거리에 있는 코로넷 피크와 50분 거리에 있는 리마커블은 유명한 스키장이며, 카와라우와 스키퍼스 캐니언 브리지는 번지 점프로 유명하다. 1850년대에 이곳으로 이주한 유럽인에 의해 개척되기 시작하였고, 당시에는 금광으로 유명했으나 지금은 깎아지른 듯한 피오르드의 절경으로 알려진 밀포드사운드로 가는 입구에 있다.

▲ 카와라우 강과 숲

4 매너 및 예절

뉴질랜드인은 매우 우호적이고 밝으며, 상대방 의견을 존중하므로 비난을 하는 언어를 피한다. 공공질서를 잘 지키는 편이고 업무를 처리하는 것에 있어 충분한 여유를 가지고 일을 처리하며 정확하게 처리한다. 개척의 역사인 만큼 야외활동을 선호하는 활동성을 갖는다. 공휴일은 가족과 함께 야외에서 즐기는 문화이다. 휴식, 휴일, 휴가를 방해하지 않도록 주의한다. 인사를 나눌 때는 악수를 하거나 가벼운 포옹을 한다. 사회복지가 세계적인 수준의 선진국이나 대체로 검소하며 공공질서를 중시한다.

원주민인 마오리족은 코를 맞대고 비비는 인사인 '홍이'를 한다. 외국인에 대해 우호적이고, 인구밀도가 낮아서 사람을 만나는 것을 좋아한다. 유럽 이주민과 원주민인 마오리족이 잘 융화를 이루며 다양한 인종의 사회로, 럭비, 크리켓, 캠핑, 하이킹 등을 즐긴다. 영국연방의 일원으로 신사도가 몸에 배어 있으며, 비즈니스에서는 신용을 중시한다. 차를 많이 마시는 국민으로 직장에서 두 차례 정도 차를 마시는 시간인 티타임이 있다.

촬영금지 구역을 엄수해야 한다. 성추행으로 오해할 수 있으므로 아이의 머리나 신체부위를 함부로 접촉하지 않도록 한다. 밀수와 마약 단속이 엄격하며 인종차별과 관련한 언급을 삼간다. 장례식에서는 매장을 하는 동안 보석, 금전을 몸에 지니지 않으며 음주와 흡연을 삼가한다. 장례식이 끝난 후에는 축하 만찬을 한다.

자연재해의 발생 위험이 있으므로 날씨와 관련한 방송에 주의한다. 해산물을 채취할 수 있는 양이 정해져 있으므로 이를 위반하지 않도록 주의한다. 아침 일찍 업무를 시작해서 오후 3~4시경에 끝내고 남은 시간은 즐기는 문화이다. 1인당 골프장과 요트 보유수에서 세계 1위이다. 저소득층도 골프, 낚시 등의 여가를 즐기며 자녀를 대학에 보낼 수 있는 사회복지 제도를 갖춘 나라이다. 자연환경을 보호하려는 노력을 존중하며 경찰의 지시에 순응하도록 한다.

사례연구 뉴질랜드의 주민

뉴질랜드의 원주민은 폴리네시아계(系)의 마오리족(族)으로 전 주민의 9%를 차지한다. 그들은 대략 10세기 이후 타히티 방면에서 여러 차례에 걸쳐서 뉴질랜드에 이동해온 것으로 추정된다. 마오리족의 대부분은 북섬에 거주하는데, 원래는 '태평양의 바이킹'이라고 불리던 해양 민족이었으나, 이주 후에 정착하여 타로감자 · 얌감자 · 고구마 · 호리병박 등을 재배하며 농경생활을 하였다. 그들은 많은 부족사회로 나뉘어 추장의 통치하에 생활하였는데, 이들 지배자는 '모코'라고 하는 독특한 문신술(文身術), 즉 나선무늬와 당초무늬를 조화시킨 패턴으로 얼굴 전체를 뒤덮는 문신술을 발달시켰다. 또한 그들은 일용품 · 배 · 가옥 등에도 독특하고 뛰어난 조각을 남겼으며, 정신적으로는 지고신(至高神) '포'를 비롯하여 온갖 자연현상을 신으로 받들고, 아름다운 신화와 전설도 만들어냈다. 처음으로 유럽인과 접촉하던 때인 17세기 마오리의 인구는 12만 명 정도로 추정된다. 영국의 집단 이민이 뉴질랜드에 도착한 1840년 이후, 마오리의 인구는 영국인과의 대립항쟁으로 한때 격감했다가 현재는 다시 증가하고 있다. 국토의 반 이상을 차지하면서도 인구가 희박한 농목지역과 총인구의 2/3가 모여 있는 도시지역(주로 오클랜드 · 웰링턴 · 크라이스트처치 · 더니든의 4대도시에 집중해 있음)의 대조, 그리고 전인구의 3/4이 북섬에 집중해 있는 불균형적인 인구분포 등에서 뉴질랜드의 문제점을 엿볼 수 있다. 현재 백인은 전 인구의 87%이며, 그 중 영국계가 90% 이상이다. 그 외의 인구는 소수의 유고슬라비아인 · 중국인 · 인도인 · 네덜란드인 · 태평양 도서인 등으로 구성되어 있다. 현재 해외에서 이주해 오는 인구는 연간 4만여 명에 달하는데, 주로 영국 · 오스트레일리아 · 네덜란드 등에 치중되어 있다. 뉴질랜드인은 그동안 '화이트 뉴질랜드 정책'에 따라 유색인종을 배척하고 백인의 나라를 구축해왔으나, 요즘은 여러 인종 간 융화를 추진하고 있다. 주민의 대부분은 경제적 격차가 적은 중산계급에 속하며 높은 생활수준을 유지하고 있다. 국어 및 공용어는 영어이고, 마오리족은 마오리어도 사용한다. 종교는 성공회, 장로교, 감리교 등의 개신교가 70%, 가톨릭교가 16%를 차지하며, 나머지는 힌두교 및 마오리족 고유의 토착종교를 믿고, 무교 인구도 많은 편이다.

(출처 : 두산백과 https://terms.naver.com/entry.nhn?docId=1177388&cid=40942&categoryId=40728)

함께 생각해 봅시다

뉴질랜드의 하카

뉴질랜드의 장례식에서는 다수의 군중이 춤을 추는 모습을 볼 수 있다. 이것을 하카라고 한다고 한다. 하카를 통하여 뉴질랜드 장례문화와 나아가서 그 문화의 배경이 된 이유까지 생각해 봅시다.

12장

남아메리카 문화의 이해

브라질(BRAZIL)

수도	브라질리아(Brasilia)	언어	포르투갈어
면적	8,511,965㎢	종교	카톨릭(80%)
위치	남아메리카 대륙 중앙	기후	열대성(북부), 아열대성(중부), 온대성(남부)
인구	약 21,201만 명	화폐	헤알(Real)
민족	백인(55%), 포르투갈인, 이태리인, 스페인인, 독일인 등 혼혈 유럽인 (Mulato, 38%)	1인당 GDP	8,800 $ (IMF 2019년 기준)

1 커피, 축구, 삼바의 나라

브라질의 정식 국명은 브라질연방공화국(Republica Federative do Brasil)이며, 북쪽은 베네수엘라·가이아나·수리남·프랑스령 기아나, 서쪽은 콜롬비아·페루, 남쪽은 볼리비아·파라과이·아르헨티나·우루과이와 국경을 접하며, 동쪽은 대서양에 닿아 있다. 브라질은 세계에서 다섯 번째로 큰 나라이며 남미전체의 약 절반 이상을 차지할 만큼 넓은 국토를 가지고 있다.

브라질에 위치한 아마존 강은 그 길이가 무려 6,275km로 세계에서 가장 길며 지구상 숲의 30%를 차지하고 있는 신비의 밀림지대이다. 브라질을 표현하기에 가장 좋은 단어는 커피, 축구, 삼바축제 이 3가지일 것이며, 천연자원(보석)과 사탕수수, 커피, 중공업이 브라질의 주요 산업으로 꼽힌다. 브라질의 기후는 남쪽으로 갈수록 추워지며 대부분의 도시가 겨울도 25℃ 정도를 유지하여 사철 내내 푸름을 간직하고 있다.

▲ 아마존 강

2 아마존 정글을 품고 있는 문화 환경

'파우 브라질'이라는 말에서 따온 브라질은 1500년 포르투갈인 카브랄이 이끄는 함대가 제2차 인도파견 항해 도중에 발견한 후 307년 동안 포르투갈의 식민지배를 받았다. 1787년 프랑스의 나폴레옹이 포르투갈 리스본을 공략하자 포르투갈 왕실은 영국함대의 보호를 받으며 브라질로 망명한 후 독립할 수 있는 계기를 마련한다. 1821년 포르투갈 국왕이 본국으로 귀환하자, 브라질 황태자 페드루는 본국의 식민지정책에 반발하여 독립을 선언하고 브라질 국왕에 즉위해 페드루 1세가 되었다. 그는 1824년 새 헌법을 공포하며 입헌군주제를 표방하고 절대왕권의 확립을 위해 노력했으나 1889년 군부세력이 혁명을 일으킴으로써 브라질은 공화국제로 이행하게 되었다.

1961년 선거에서 좌파열풍에 힘입어 외자규제와 사회개혁을 주장한 좌파성향의 콰드루스가 집권하나 출범 7개월 만에 사퇴한다. 뒤이어 굴라드가 대통령직을 이었으나 1964년 좌파정권에 불만을 가지고 있는 군부세력이 궐기하여 정권을 강탈함으로써 브라질정국은 군사정권시대를 맞이하게 된다. 1970년 초에 석유파동으로 인플레이션이 유발하자 브라질은 더욱 힘든 경제 상황에 처하게 되었고 이후 군부정권은 1979년 피게이레두 정권 아래에서 정치범 사면법을 제정하는 등 자유화조치를 취하였다. 1985년 21년 동안의 군부정권은 막을 내리고 대통령 선거를 통해 민주화 및 경제개발이라는 민주체제에 이르게 된다. 1989년 29년 만에 처음으로 대통령 직접 선거가 실시하게 된다.

남반구에 위치하고 있는 브라질은 여름이 11~4월까지이고, 겨울이 5~7월이다. 북쪽으로 갈수록 덥고, 남쪽으로 갈수록 선선한 날씨이다. 아마존지역을 중심으로 연평균기온이 25~27℃ 정도로 연중 기온차이가 크지 않으며, 연간 3,000㎜ 이상의 풍부한 강우량을 가지고 있다. 브라질 중앙고원 및 남부고원의 일부지역은 아열대지역이며 대부분의 남부고원지역이 온대지역에 속한다.

비교적 더운 나라인 브라질을 여행할 때에는 여름옷으로 준비하는 것이 좋지만 일교차가 심한 편이므로 스웨터나 재킷을 준비

하도록 한다. 또한 브라질의 겨울인 5~8월에 방문할 예정이라면 약간 두터운 방한복을 챙기는 것도 필요하다. 햇살이 강하기 때문에 모자나 선글라스는 필수이며, 특히 아마존 정글을 여행할 예정이라면 벌레를 막을 수 있는 긴소매 셔츠와 비옷, 바르는 모기약을 준비하면 좋다.

브라질은 인종차별이 없는 나라이다. 인종차별로 여겨지는 말을 잘못 사용했다가는 최하 5년의 형사 입건이 될 수 있다. 그 이유는 브라질은 100개국이 넘는 나라의 인종이 섞이고 섞여 지금의 브라질 국민이 만들어졌기 때문이다. 브라질의 주요 도시는 현 수도인 브라질리아(Brasilia)를 비롯해 남미 최고의 상업도시 상파울루(Sao Paulo), 그리고 세계 3대 미항의 하나인 리우 데 자네이로(Rio De Janeiro) 등이 있다. 세계에서 로마가톨릭 신자가 가장 많지만 인디언과 아프리카인은 전통신앙에 대한 믿음을 여전히 유지하고 있다.

통화 단위는 레알(BRL, Real, R$)이며, 지폐는 1, 5, 10, 50, 100레알 (R$)이며, 동전은 1C, 5C, 10C, 25C, 50C, 1레알(R$)이다.

브라질의 특산품은 소가죽이 대부분이지만 뱀, 도마뱀, 악어 등을 활용한 지갑, 벨트, 핸드백, 깔개, 벽걸이 등이 있다. 또한 브라질에서만 서식하고 있는 나비의 날개를 사용한 쟁반, 접시, 코스타, 꽃병 등의 각종 세공품이 있다. 자카란다나 엠부이야 등의 나무를 사용한 인형, 식기, 벽걸이 등도 있다.

보석 역시 유명해서 도루마린, 아쿠아마린, 아메지스도, 마노, 알렉산드라이트 등을 구매 가능하다. 하지만 주의할 점은 원석만으로 구입하면 자칫 세공비가 원석 원가보다 더 비싸게 들 수 도 있으니 반드시 산 가게에서 귀걸이나 반지로 만들어 달라고 하는 것이 좋다.

3 대표도시

1) 상파울루(Sao Paulo)

상파울루는 인구 약 1,600만 명의 중남미 최대의 도시이다. 커피산업 및 상공업을 중심으로 하여 급속히 발전하였으며, 현재 브라질 경제의 중심지로 자동차 공업을 비롯한 각종 현대적 공업지대가 밀집되어 있다. 브라질의 금융 중심지이자 박물관을 비롯한 각종 미술관, 극장, 도서관, 경기장을 구비한 문화 · 관광의 중심지이다.

▲ 상파울루

2) 브라질리아(Brasilia)

브라질리아는 브라질의 수도로 인구 약 180만 명의 가장 현대적인 도시이다. 1960년까지 브라질의 수도는 리우 데 자네이로였으나 이후 해안을 따라 밀집되어 있던 인구의 편중을 막는 동시에

▲ JK대교와 파라노아 호수

내륙의 개발을 목적으로 현재의 브라질리아로 수도를 옮겼다. 브라질리아에는 정부의 주요기관과 입법, 대사관, 금융, 상업센터, 문화시설 등의 빌딩들이 들어서 있어 브라질의 심장부 기능을 하고 있는 반면 1987년 유네스코 세계문화유산으로 지정될 만큼 역사적으로도 중요한 도시이다.

3) 리우 데 자네이로(Rio De Janeiro)

브라질의 남동부, 대서양 연안에 위치한 리우 데 자네이로는, 인구 약1천만 명의 세계 3대 미항 중의 하나이다. 1763년부터 1960년까지 브라질의 수도였으며, 아직 연방정부의 주요 행정 기관이 남아있어 정치, 행정 및 문화의 중심지 상파울루 더불어 브라질 2대 산업지역으로 불리고 있다. 이곳은 야금업, 엔지니어링, 의류, 섬유, 화학 등을 비롯하여, 대규모 조선소와 전자, 컴퓨터 산업이 크게 발달하였다.

▲ 보타포고 만의 공중 전망

4) 이과수 국립공원(Iguacu National Park)

1986년 유네스코 세계자연유산으로 지정된 이과수 국립공원은 브라질과 아르헨티나의 2개국에 걸쳐 있다. 이과수라는 이름은 원주민인 인디언들이 폭포를 부르던 호칭에서 유래했다고 한다. 이과수는 우르릉대며 웅장하게 터져 나오는 힘찬 물소리, 빛에 따라 색채가 변하는 폭포의 표정, 그리고 끊임없는 진동, 크고 작은 300여 개의 폭포가 무지개를 이르며 흐른다.

▲ 이과수 폭포

이 폭포의 너비는 4.5㎞, 평균 낙차 70m로 나이아가라 폭포보다 크다. 브라질 파라나주 남부를 흘러온 이과수 강이 파라나 강과 합류하는 지점에서부터 36㎞ 상류에 있으며, 주위의 암석과 섬 때문에 20여 개의 폭포로 갈라져서 갈색에 가까운 많은 양의 물이 낙하한다. 이 부근은 미개발의 삼림으로 뒤덮여 있으며, 폭포수와 삼림과 계곡이 아름다운 남아메리카에서 가장 볼만한 관광지이다.

5) 살바도르(Salvador)

살바도르는 인구 약 270만 명의 도시로 헤시피(Recife, 약180만 명), 포르탈레자(Fortaleza, 약180만 명) 등과 더불어 북동부 지역의 중요한 항구도시이다. 살바도르는 1763년 리우 데 자네이로로 수도가 변경되기 전까지의 식민지시대에 최초의 수도였으며 브라질 문화의 근원지로 관광업이 발달했다. 주요 수출상품으로 코코아, 담배, 설탕, 철광 석, 목재, 알루미늄 등이 있으며 최근 지역의 유전에서 생산되는 석유도 수출한다. 살바도르 역사지구 역시 1985년 세계문화유산으로 지정되었다.

참고

삼바 카니발

삼바축제 중 가장 화려한 리오 카니발은 1854년에 리오의 빈민가에 거주하는 삼보(흑인과 원주민 혼혈)들에 의해 시작된 거리축제이다. 축제가 인기를 끌면서 삼바학교들이 설립되고 치열한 경쟁을 통해 발전, 확대되어 연간 방문 관광객의 1/30이 이 리오 카니발을 보러 올 정도로 세계최고의 축제로 자리 잡았다. 카니발은 퍼레이드를 위해 설계된 거리인 삼바드로모(Sambadromo, 전용경기장)에서 매년 2월 말에서 3월초 사이에 시행된다. 전국에서 선발된 A그룹 10~15개 팀(팀 구성인원은 5천 명)이 토요일부터 4일 간 매일 밤 9시간에 걸쳐 경연을 벌인다

아마존

지구의 허파인 아마존 강 유역은 세계 전체 열대림의 48%를 차지하고 있으며 여기서 서식하는 생물은 지구 생물 종류의 약 20%에 달한다. 또한 전 세계 담수량의 20%가 이 지역에 저수되어 있으며 지구 전체 산소 공급량의 1/3을 맡고 있다. 아마존의 광물자원과 열대림의 가치는 돈으로 추산할 수 없을 정도이다. 아마존 일부지역 경매사건이나 1998년 엘니뇨산불로 인한 피해 등은 세계의 관심을 끌고 있다.

▲ 삼바 카니발

3 매너 및 예절

브라질인들은 로마가톨릭을 믿고 있어 낙천적인 사고방식을 가지고 있으나 총기 소지에 대한 제재가 없어 현지인과 논쟁이 있을 경우 우발적 사고가 일어날 수 있으므로 싸움이나 언성을 높이는 일을 삼가야 한다. 국민 대부분이 축구를 좋아하고 각 지역이나 출신지 등을 구분하여 자신이 좋아하는 팀을 가지고 있으므로 특정 축구팀을 비난하는 행동은 피하는 것이 좋다. 음주를 즐기나 만취하지 않으며, 억지로 술을 권하거나 술잔을 돌리지 않는다.

브라질은 불법 총기 소지가 많으며 살인도 일어나는 만큼 야간 외출은 삼가고, 주간에도 검소한 복장을 하고 귀중품을 소지하지 않는 것이 좋다. 혼잡한 장소에서는 절도와 소매치기에 주의하고, 자동차를 운전할 경우에는 신호정지 상태에서 강도를 만날 수 있으므로 창문을 올리고 문은 잠근 채 운행한다. 브라질의 강도는 미국과 달리 금품만 주면 해치지는 않지만 저항하거나 반격하면 총격 후 도주한다. 정장차림인 경우에는 강·절도의 표적이 될 수 있는바 화려한 복장을 삼간다. 외출 시에는 현금을 많이 소지하지 않도록 하되, 돈이 없는 경우에는 폭력을 행사하는 경우가 많기 때문에 강도에 대비한 약간의 현금은 지니도록 한다. 귀중품이나 현금 등은 세이프티 박스에 보관하고 버스, 지하철 안에서도 강도사건이 발생하기도 하므로 외출 시에는 택시를 이용한다.

브라질은 남미 국가 중 물가가 가장 비싼 나라이다. 대부분의 식당에서는 물 대신 브라질 커피를 주전자에 담아 제공한다. 물은 사먹어야 하나 커피는 공짜이다. 인적관계를 중시하는 사회이며 낙천적이고 개방적인 국민성을 갖고 있다. 축구선수, 연예인이 선망의 대상이며 출세의 지름길이라고 생각한다. 친밀한 자리에서는 거침없는 격식파괴를 하며 친화력이 좋다. 빈부의 차이가 극심하지만 오랜 세월의 관습쯤으로 치부한다. 운전자가 신호를 무시하고 주행하는 경우가 있는 만큼 안전사고에 주의한다. 공중 화장실의 숫자가 적고 유료인 경우가 많다.

브라질은 처음 만난 사람이라도 낯을 가리기 보다는 친근감을 쌓기 위해 호감을 표시하는 가벼운 스킨십을 선호하는데, 남성들끼리는 악수하고 포옹을 한 후 등을 두드리거나 남성이 여성에게 인사할 때는 얼굴을 옆으로 맞대고 가볍게 'Tres bejo(볼 키스)'를 한다. 하지만 비즈니스 미팅에서는 대부분의 서양 문화권 나라와 마찬가지로 악수를 나누며 인사를 하는 것이 일반적이다. 또한 직장에서는 정장보다는 편안한 복장이 증가하는 추세이나, 타 기업과의 비즈니스 미팅 시에는 반드시 넥타이를 포함한 정장을 갖추어 입는 것이 좋다. 미팅 시 처음부터 영어를 사용하면 불쾌하게 생각하기 때문에, 인사말 정도는 현지어를 사용하는 것이 좋다. 특히 회사 방문 시에는 시내 교통정체가 심하기 때문에 여유를 가지고 출발하는 것이 좋다.

브라질의 식습관은 우리나라와 비슷하다. 식사 중에는 음식을 입에 넣은 채 이야기하거나 소리 내어 먹는 것은 예의에 어긋난다. 가톨릭신자들은 4월의 '선한 금요일(예수가 못 박혀 죽은 날)'에는 고기를 먹지 않는다. 술을 권하거나 술잔을 돌리지 않으며 만취하지 않을 정도의 적당량만 마신다. 또한 팁 문화가 발달되어 총액의 10%를 팁으로 지불하는 것이 일반적이다.

▼ 브라질 전통 음식

브라질 사람들은 첫 만남에서 선물을 교환하는 경우가 드물고, 상대방과 신뢰감이 형성되었을 때 선물하는 것이 일반적이다. 선물을 받은 후에는 감사를 표하고 상대방에게 물어본 후 선물을 열어보는 것이 예의이다. 물건 중 인간관계의 단절을 뜻하는 칼은 선물하지 않는다.

브라질에서 대화를 할 때는 다양한 제스처를 선호하나, 우리나라에서 일반적으로 사용되는 제스처가 브라질에서는 다른 의미로 해석될 수도 있기 때문에 조심해야 한다. 예를 들어, 미국이나 한국에서 O.K라는 의미로 엄지와 검지를 동그랗게 만드는 제스처는 브라질에서는 성적인 의미의 속어로 사용되기 때문에 삼가야 한다. 엄지손가락을 둘째와 셋째 손가락 사이에 넣고 주먹을 쥐는 제스처는 브라질에서는 '행운을 빈다'는 의미로 사용된다.

브라질 국민은 일반적으로 미국에 호감을 갖고 있어서 미국에 대한 부정적인 얘기나 인종차별적인 농담은 피하는 것이 좋고, 대화 주제로는 자녀 · 축구에 대한 화제가 무난하다. 점심시간이 길고 이른 오후에 자는 낮잠시간인 시에스타(siesta)의 관습이 있다. 남성은 '세뇨르(Senor)', 미혼 여성은 '세뇨리따(Senorita)', 기혼녀는 '세뇨라(Senora)'를 붙여 사용한다.

TIP 여행시 주의해야 할 작은 상식

- 브라질의 호텔은 관광공사에 의해 5등급으로 구분된다. 요금은 등급 및 지역에 따라 차이가 있다. 대도시나 관광지에 비해 중소도시가 약 20~30% 싸며, 숙박료에 10%의 서비스 요금이 가산된다. 보통 아침식사가 포함된다. 브라질의 관광시즌인 12월에서 3월 사이에는 미리 예약하는 것이 좋다.
- 관광이나 비즈니스 목적인 경우 90일간 무비자 체류할 수 있다.
- 모든 외국인은 외화, 금, 귀금속을 신고해야 하며 신고한 품목만 반출할 수 있다.
- 브라질은 물론 아마존 지역 국가(베네수엘라, 에콰도르, 콜롬비아, 볼리비아)에 입국할 때는 황열병 예방접종 증명서가 필요하다.
- 경제가 악화되며 대도시를 중심으로 강도와 납치 사건이 급증하고 있으며 범죄단체가 경찰서를 습격하고 교도소에서 폭동을 일으키는 등 치안이 불안하다.
- 생수는 마시지 않도록 하며 미네랄워터나 음료수 등을 구입하여 마시도록 한다.
- 공중화장실은 많은 편이 아니며, 드물게 발견되는 화장실에는 휴지를 주는 사람이 많은 팁을 요구하므로 주의하도록 한다. 화장실은 소규모의 식당(Lanches)이나 카페테리아, 쥬스 전문점 등에서 이용하는 것이 경제적이고 깨끗하다.

- 길거리에서 만날 수 있는 환전상은 주의를 기울이지 않으면 강도로 돌변하는 경우가 종종 발생하므로 은행에서 환전할 수 있도록 하며, 2~3일간 생활에 필요한 만큼만 조금씩 환전해서 쓰도록 한다.
- 복잡한 시내버스를 이용할 경우에는 소매치기의 위험이 높으므로 귀중품이나 여권 등의 소지품은 안전하게 보관하도록 한다.
- 시내 관광을 할 경우에는 복잡한 노선과 정비되어 있지 않은 정류장으로 이용이 어려우므로 가능하다면 택시를 이용하는 것이 안전하다.

멕시코(MEXICO)

수도	멕시코시티(Ciudad de México)	언어	스페인어
면적	1,972,550㎢	종교	카톨릭 95%
위치	북아메리카 남서단	기후	고온다습
인구	약 13,075만 명	화폐	멕시코 페소(Peso)
민족	메스티조(Mestizo) 75%, 백인 14%, 원주민(Indio) 10%	1인당 GDP	10,120 $ (IMF 2019년 기준)

1 수준높은 고대문명을 이룩했던 나라

▲ 유카튼마야 피라미드

멕시코의 정식 국명은 멕시코합중국(Estados Unidos Mexicanos)이다. 북쪽으로는 미국, 남쪽으로는 과테말라와 벨리즈와 국경으로 접해 있고, 서쪽으로는 태평양과 캘리포니아 만, 동쪽으로는 멕시코 만과 카리브 해에 접해 있다. 멕시코는 고원 지대를 중심으로 형성된 마야·아즈텍 문명의 유적지로 유명하다. BC 2000년경부터 농경사회가 시작되었고, BC 1200년경에 성립된 올메카 문화를 비롯하여 테오티와칸 문명, 마야문명, 톨테카 왕국, 아즈텍 제국 등이 흥망성쇠를 거듭해왔다. 수준 높은 고대문명을 이룩했던 멕시코는 1521년 스페인의 침략으로 식민지로 전락하면서 고유문화가 많이 사라졌으며, 1810년에 독립을 이루었으나 이후 국토의 대부분을 미국에 빼앗겼다. 현재 인구문제가 심각하게 대두되고 있으며, 북미 자유무역협정(NAFTA)에 힘입어 경제적 성과를 거두는 듯 했으나 무리한 경제정책으로 회생 불가능한 경제난에 시달리고 있다.

멕시코인들의 전반적인 기질은 미국의 영향 때문인지 상당히 실용적이라고 할 수 있다. 중소도시나 시골에 거주하는 멕시코인들은 아직도 순수하고 정이 많은 전통적인 인디오 기질을 가진 사람들이 많으나, 멕시코시티 사람들은 지나치게 셈이 밝아 평소에 친분관계를 잘 유지하다가도 금전적 문제가 대두되면 등을 돌리는 경우가 많아 주의가 필요하다. 남아선호사상이 있으나 서양식의 여성존중 예절이 발달하여 레이디 퍼스트(Lady First)의 관습이 보편화되어 있다. 크리스마스나 연말에 친구, 친지나 비즈니스 파트너들에게 선물을 돌리는 관행이 있으나, 반대로 결혼식과 장례식 등의 행사에는 돈을 부조하는 관습은 없다. 멕시코에서는 차를 난폭하게 몰거나 무기를 소지하거나 술을 취할 때까지 마시는 것이 남성다운 것으로 여겨진다. 길거리에서는 가장 많이 볼 수 있는 라이브 음악은 마림바와 마리아치이다. 지역적으로 매우 특색 있는 민속무용이 발달해 있다.

2 열정적인 데킬라의 문화 환경

BC 2000년경부터 농경사회가 형성되었으며, BC 1200년경에 성립된 올메카 문화를 비롯하여 테오티와칸 문명, 마야문명, 톨텍왕국, 아즈텍 제국 등이 흥망성쇠를 거듭해 왔다. 멕시코는 1521년 스페인의 침입으로 식민지로 전락되었으나, 18세기초 나폴레옹이 스페인을 점령하면서 스페인의 강력한 식민통치가 다소 완화되었다. 이후 계몽사상의 유입으로 멕시코 태생 백인주도로 독립운동이 시작되었다. 마침내 1821년 스페인 총독이 멕시코 독립을 인정하는 코르도바 협정에 서명함으로써 완전한 독립을 쟁취하였다. 1835년 멕시코 영토이었던 텍사스가 미국에서 이주해온 백인 주도로 독립을 선언하자 군대를 파견하여 이를 막으려 했으나, 이후 오히려 미국과의 전쟁으로 확대되어 결과적으로는 캘리포니아와 텍사스를 미국에 넘겨주게 되었다. 1848년에는 정치적 혼란 속에 미국에 뉴멕시코와 애리조나를 1천만 달러에 팔아넘겨 현재와 같은 영토로 축소되었다.

1877년 대통령에 취임한 디아즈(Diaz) 장군이 30년이 넘게 군부독재

를 계속함에 따라 이에 저항하는 멕시코혁명이 발생하여 군부독재를 타도하고 1917년 현재의 헌법을 제정하기에 이르렀다. 1927년 이후 현재에 이르기까지 제도혁명당(PRI)이 대통령직을 독점해 오고 있으며, 1988년 살리나스(Salinas) 대통령이 50%를 넘는 지지를 얻어 대통령에 당선되었다. 1994년 12월 제도혁명당 세디요(Zedillo) 대통령의 신정부 출범이 있었고, 1997년 중간선거에서 경기침체 지속에 대한 국민반감의 영향으로 과반수의석 확보에 실패함으로써, 향후 정국운영의 불확실성이 증대되고 있다.

멕시코는 국토가 광대할 뿐만 아니라 남북으로 길게 뻗어 있어 지역에 따라 매우 다양한 기후를 나타내고 있다. 즉, 국토의 1/4인 해안지대는 열대성 기후로 기온이 높고 비가 많으며 중부 고산지대는 6~9월의 우기를 제외하고는 대체로 건조하다. 또한 북회귀선이 국토의 중앙을 지나고 있어 그 북쪽이 온대, 남쪽이 열대 또는 아열대로 구분되며 고도나 해류가 기후에 큰 영향을 미친다.

멕시코의 날씨는 낮에는 더우나, 밤에는 우리나라 가을 날씨를 연상케 하기 때문에 긴팔 옷도 준비해야 한다. 태양이 뜨겁기 때문에 선글라스와 모자, 선탠로션, 선크림을 준비하는 게 좋다. 국민의 95%가 가톨릭을 믿고 있으며, 나머지는 기독교, 샤머니즘 등을 신봉하고 있다. 정치와 종교는 엄격하게 분리되어 있고, 성직자들은 투표나 정치활동에 참여할 수 없다.

통화 단위는 멕시코 페소(Peso, MXN)로 $ 기호를 사용하므로 미화 US$와 혼동하기 쉽다. 지폐는 500, 1,000, 2,000, 5,000, 10,000, 20,000, 50,000페소의 7개 종류가 있고, 동전은 1, 5, 10, 20, 50, 100, 200, 500, 1,000페소의 9개 종류가 있다. 환전은 페소의 가치가 변동이 심하므로 미국 달러로 갖고 있는 것이 현명하다.

멕시코의 유명한 특산품은 세계적인 생산 광물인 은으로 만든 다양한 제품과 멕시

코 오팔과 토파즈, 수정 등이다. 토산품으로는 직물, 가죽, 꽃잎(만사니아차) 등으로 만든 각종 민예품이 있다. 멕시코시티에는 백화점 형태와 같은 리버풀(Liverpool)이 있으며, 주로 부유층을 위한 고급품을 취급한다. 또한 멕시코에는 많은 노점상들이 발달해 있으며, 이것은 정부가 저소득층의 생계유지와 범죄방지를 위해 노점상을 합법적으로 인정하고 있기 때문이다. 멕시코시티에는 '뻬꼬(Tepito)'라는 도깨비시장이 형성되어 있으며, 합법적인 수입품 외의 밀수품들도 다수 팔리고 있다.

멕시코음식은 유럽(Old World, 구세계)과 아메리카 대륙(New World, 신세계)의 특성이 어우러져 독특한 맛을 지닌다. 음식 재료로는 콜롬비아 시대 이전에 들어온 토마토, 칠리 고추, 터키, 바닐라, 초콜릿, 옥수수 등이 있으며, 후에 스페인들과 프랑스인들에 의해 들어온, 유제품, 쇠고기, 닭고기, 밀, 양파 그리고 마늘이 있다. 북멕시코의 가장 알려진 음식으로는 콩(Beans), 육포, 칠리(Chilies), 그리고 밀로 만든 토티아(Wheat-Flour-Tortillas)가 있다.

▲ 멕시코 전통음식

옥수수와 함께 멕시코 요리를 말할 때 빼놓을 수 없는 것이 바로 고추인데, 입안이 얼얼할 정도의 작고 빨간 것에서부터 별로 맵지 않은 피망에 이르기까지 약 200여 종의 다양한 고추가 있다. 각종 소스를 만드는데 쓰이는 고추는 요리의 재료로도 매우 중요하게 사용된다. 지방마다 만드는 방법과 재료가 약간씩 다르지만 일반적으로 고추, 초콜릿, 참깨, 아몬드, 건포도, 후추, 계피, 마늘, 양파, 토마토, 바나나 등의 수많은 재료를 갈아 익혀 만든 몰레 소스(mole sauce)를 칠면조나 닭고기에 얹어 먹는다.

전통음료는 과일음료를 들 수 있는데, 투나(선인장 열매)나 망고와 같은 열대과일들을 갈아서 설탕을 가미하거나 '하마이카(jamaica)'라는 꽃을 갈아 만들거나 쌀을 불려 갈아 만든 '오르차타(horchata)'가 사랑 받는 음료들이다. 전통주는

'마게이(maguey) 즙'을 발효시켜 만든 우리나라의 막걸리와 비슷한 '풀케(Pulque)'를 들 수 있다. 서민들이 주로 마시는 풀케는 맥주가 들어옴에 따라 소비가 많이 줄어들었지만 아직까지 일반인의 사랑을 받는 술이다. '풀케'와 함께 멕시코를 대표하는 술은 '데킬라(Tequila)'이다. 10년생 이상의 '아가베(agave; 용설란)'를 3년 이상 발효시켜 만든 멕시코의 국가적인 술이라고 할 수 있는 '데킬라'는 특허법에 의해 상표를 보호하고 있으며 생산과정에서도 상공부의 감독을 받는 술이다. 스페인의 정복 이전 과달라하라 주의 티킬라족들에 의해 만들어진 것으로 알려진 데킬라는 관절염에 효과가 있다고 한다.

▲ 데킬라

3 대표도시

1) 멕시코시티(Mexico City)

멕시코시티는 아즈텍 문명의 흔적을 가득 담고 있는 도시로 인구 2천만 명이 거주하는 세계에서 두 번째로 인구밀도가 높은 도시이다. 스페인들이 이곳에 발을 들여놓기 전까지 고대 문명의 수도로 번영하고 있었는데, 스페인 정복자들이 그들의 세력과 기독교를 확장하고 그들의 과거를 지워버리려고 고대 아즈텍

▲ 벨레스 아르테스

도시를 폐허로 만들어 버렸다. 현재 1백만 대가 넘는 차량으로 환경오염과 교통문제가 대두되고 있으며, 조상이 물려준 많은 문화유적을 보전하는데 많은 노력을 기울이고 있다. 멕시코시티의 역사지구는 1987년 유네스코 세계문화유산으로 지정되어 있다.

2) 아카풀코(Acapulco)

아카풀코는 태평양 남단 해변, 아카풀코만을 따라 16㎞ 정도 뻗어 있는 지역이다. 이곳에는 세계 최고급 수준의 호텔과 해변을 따라 산책로(Malecon)가 아름답게 조성되어 있으며, 스쿠버 다이빙, 워터 스키, 골프, 테니스 등의 레포츠를 즐길 수 있는 최고의 환경이 조성되어 있다. 16세기 스페인이 이곳에 도시를 세우면서 이후 300년 동안 동아시아로 가는 게이트웨이(관문)의 역할을 하였다.

▲ 아카풀코 베이

3) 칸쿤(Cancun)

마야 유적지와 세계적 리조트 군을 형성하고 있는 멕시코 최대 휴양지이다. 칸쿤은 1970년 이전에는 주민들이 100명도 안 되는 모래 해변가의 작은 고기잡이 마을이었다. 1960년대 말부터 개발을 시작하여 세계적인 해변 리조트로 변모했다.

▲ 칸쿤 해변

4 매너 및 예절

멕시코는 호칭을 매우 중시한다. 멕시코에서 호칭은 곧 사회적 신분을 드러냄과 더불어 자존심의 표상으로 여겨진다. 멕시코를 비롯한 중남미 국가나 스페인 등에서는 이름 앞에 반드시 학위를 붙여 명함을 제작하며, 종종 이름 대신 학위만을 부르는 경우가 많다. 만약 이름 앞에 아무런 표기가 없을 경우 또는 상대

방의 호칭을 잊어버렸거나 잘 알지 못하는 상태에서는 남자의 경우 세뇨르(Senor: Sir 또는 Mr의 의미) 또는 까바예로(Caballero: Gentleman의 의미), 상대가 여성일 경우에는 세뇨리따(Senorita)라고 칭하는 것이 좋다. 원래 세뇨리따는 영어에서 'Miss'에 해당하는 말이지만 Miss보다 광범위하게 쓰이며, 나이가 꽤 들어 보이는 경우라도 영어의 'Mrs'에 해당하는 세뇨라(Senora)라고 칭하는 것보다는 세뇨리따라고 부르는 것이 무난하다.

멕시코는 일반적으로 치안이 불안하고 납치강도 발생률이 세계최고이며 경찰이 관광객을 납치해서 몸값을 요구한 사건도 있는바 안전에 주의가 필요하다. 고등학교 졸업자는 3개월 교육 이수 후 경찰이 될 수 있다. 관공서는 오후 3~5시까지가 점심시간이어서 7시까지 근무한다. 멕시코 사람들은 매우 친절하기는 하나 간혹 길을 물었을 때 본인이 잘 모르면서도 잘못 가르쳐주는 경우가 있으므로 여러 사람에게 물어보는 것이 좋다. 축구에 열광하며 스포츠에 관심이 많다.

멕시코인들은 여간해선 잘못을 인정하지 않는다. 이는 자신의 잘못을 인정하는 것을 큰 수치로 여기며, 잘못을 인정하면 자기 신상에 피해가 올 수 있다고 생각하는 식민지시절부터의 뿌리 깊은 문화적 소산이다. 또한 마치스모 기질(남성다움을 과시)이 강해서 난폭운전도 많으며 무기소지, 과음을 남성다움으로 인식하는 경우가 많다.

처음 만나 인사하는 자리에서는 단정한 정장차림이 좋으며, 초면에는 악수를 하고 여성과는 목례를 하지만 여성끼리는 볼 키스를 할 수 있다. 하지만 안면이 있는 경우에는 성별과 상관없이 인사와 함께 오른쪽 뺨을 가볍게 상대방의 오른쪽 뺨에 맞대면서 볼 키스를 한다. 주머니에 손을 넣고 얘기하거나 걷는 것은 무례한 행동이며, 엉덩이 근처에 손을 얹는 것은 도전을 의미하는 도발적인 행동으로 받아들여질 수 있다. 선물을 주고받는 것을 즐기는 문화이기 때문에, 남의 집을 방문하거나 초대를 받았을 때는 작은 선물을 준비하고, 크리스마스, 연말연시에는 친구, 친지, 거래처에 선물을 한다. 하지만 경조사에 축의금 또는 조의금은 통용되지 않으니, 간단한 포장 선물을 하거나 행사 후에 마음을 담은 인사말을 하는 것이 좋다. 또한 남의 가정을 방문해서는 복장을 단정히 하고 오래 지체하지 않으며 안내 없이 집안 내부를 둘러보는 것은 무례한 행동이다. 아이의 머리를 쓰다듬는 등의 신체 접촉은 삼간다.

▲ 타코

식사의 경우 멕시코에서는 유럽이나 미국과 유사한 테이블 매너를 요구한다. 식사 시 테이블에 팔꿈치를 올리지 않으며, 음식을 소리 내서 먹는 것은 예의에 어긋난다. 또한 식탁에 앉은 모든 사람의 음식이 준비되고 난 후 식사를 함께 시작한다. 점심을 오후 1~4시 사이 약 2시간 정도에 걸쳐 정찬으로 즐기는 것이 일반적이다. 팁 문화권이기 때문에 레스토랑에서 식사시에는 약 15%의 팁을 지불하지만, 택시는 팁을 지불하지 않는다. 식당에서는 큰 소리로 종업원을 부르는 것은 삼가는 것이 좋다.

비즈니스 차원으로 회사나 관청을 방문하고자 할 때는 비서를 통하여 사전 약속하는 것이 예의이다. 장시간의 회의가 끝나면 서로 수고했다는 의미로 상대를 포옹한다. 공식 파티, 모임 등에는 반드시 정장차림을 하는 것이 좋다. 특히 멕시코인들은 사업상에서도 인간관계를 매우 중요하게 생각하기 때문에, 멕시코인들과 비지니스를 하기 위해서는 우선 좋은 친구관계를 맺는 것이 중요하다.

TIP 여행시 주의해야 할 작은 상식

- 멕시코는 현지에서 호텔을 예약하는 것이 어려우므로 여행 전 미리 예약해야 한다. 멕시코의 호텔은 2가지 형태가 있다. 하나는 일반적인 호텔, 다른 하나는 중남미 특유의 콜로니얼 식, 즉 스페인식 구조의 호텔이다. 버스 터미널이나 메르카도 주변에는 값싼 호텔이 많다. 중급에서 고급호텔은 시내 중심부인 '소깔로'에 대부분 위치한다.
- 관광 목적의 경우 90일간 무비자 체류할 수 있다.
- 아시아인의 미국 밀입국 통로로 인식되어 아시아 지역 국민의 입국심사는 까다롭다.
- 여행객을 대상으로 한 날치기나 소매치기 사건이 늘고 있어 복잡한 버스나 전철에서 주의가 필요하다.
- 수돗물을 그냥 마실 경우 설사를 하는 경우가 있으므로 미네랄워터를 구입해서 마시는 것이 좋다. 특히 기후가 건조한 편이므로 미리 휴대용 생수통을 준비해 호텔에서 물을 담아서 여행 도중에 마시는 것이 경제적이다.
- 공중화장실이 많지 않기 때문에 레스토랑이나 호텔, 주요 박물관 등을 방문 시 화장실을 이용하는 것이 좋다.
- 멕시코의 남부 해안 지대를 여행할 예정이라면 모기향과 벌레 물린 곳에 바르는 약을 필수적으로 준비해야 한다.
- 멕시코시티는 2,300m의 고지대이므로 무리한 운동이나 과로는 삼가는 것이 바람직하다. 또한 산소 부족(평지에 비해 70%)으로 소화에 지장을 주므로 과식을 삼가는 것이 좋다.
- 멕시코시티는 공해가 심각하기 때문에 조깅과 같은 새벽 운동은 오히려 건강에 좋지 않은 것으로 지적되고 있다.
- 유적지 내에서는 삼각대 사용을 통한 촬영을 자제한다.

사례연구 브라질을 대표하는 삼바 축제, 재정난 극복위해 안간힘..

- 브라질의 삼바 축제는 지구촌 최대의 향연으로, 2018년 3월 초에 개최된 카니발 축제에는 국내외 관광객 1천만 명이 참가했고, 관광수입은 100억 헤알(약 3조원) 규모로 추산되고 있다.
- 하지만, 브라질 경제의 회복세가 더디고 정부 세수 감소로 보조금이 축소되면서 2019년 브라질 리우 시 당국은 '카니발 축제 민영화'를 추진하겠다고 밝혔다. 이에 리우의 유명 삼바 학교인 망게이라는 연중 운영되는 자체 쇼 프로그램을 개발하는 등 자립도를 높이기 위한 움직임을 보이고 있다.
- 이러한 소란에도 불구하고 삼바 축제는 세계인의 축제로 사랑받고 있다. 하지만 2010년 삼바 카니발에서 7살 소녀를 '삼바 퀸'으로 출전시켜 축제 대열의 선두에서 춤을 추게 하면서 논란이 있었다. 아이는 카메라 플래시 세례와 9만 관중의 열기에 압도되어 결국 울음을 터뜨렸고, 일각에서는 7살 소녀에게 화려한 의상을 입히고 관능적인 삼바 춤을 추게 한 것은 아동인권 침해라고 비판했다.
- 이렇듯 세계의 축제는 그 나라나 도시를 대표하는 것으로 사랑받고 있다. 하지만 그만큼 큰 부작용도 있다. 한국의 '평창 송어축제'가 국내뿐만 아니라 외국인에게도 널리 사랑받는 축제로 발돋움해가고 있다. 하지만, 일각에서는 동물축제의 84%는 동물을 포획하거나 결국 죽음에 이르게 하는 것으로 동물학대의 장이라고 비판하고 있다. 또한 스페인의 3대 축제 중 하나인 '투우축제'에서는 2살 미만의 어린 송아지를 상대로 아마추어 투우사가 등에 창을 꽂아 죽이는 모습으로 공분을 샀고, 또한 황소 달리기 행사에서는 사람들이 황소와 함께 길을 달리면서 많은 사람들이 다치거나 심지어는 목숨을 잃기도 한다.

(참조 : 연합뉴스, 2019.07.05. "자립도를 높여라.. 브라질 리우 삼바학교들 재정난 극복 안간힘.."
https://www.yna.co.kr/view/AKR20190705003500094?input=1195m
한겨레, 2010.02.16. "7살 삼바퀸, 결국 울음 터뜨려.."
http://www.hani.co.kr/arti/international/america/404950.html)

함께 생각해 봅시다

세계의 축제는 그 나라와 도시를 대표하는 정체성이자 관광상품이다. 하지만 다양한 세계의 축제들은 그 명성만큼이나 어두운 뒷면을 가지고 있다. 여러분들은 이러한 세계의 축제들이 축제 그 자체의 대표성과 해당 나라의 문화 전통성으로 인정받아야 하는지, 아니면 상식의 선에서 불합리한 부분은 개선하는 것이 맞는지 토의해보자.

"축제는 한 나라와 도시를 대표하는 만큼
그 나라의 문화를 존중하는 차원에서 그 자체로 인정해야 한다.
vs
나라의 문화 존중도 중요하지만 필요한 경우 개선이 필요하다."

13장

아프리카 문화의 이해

이집트(EGYPT)

수도	카이로(Cairo)	언어	아랍어
면적	100만 1,449㎢	종교	이슬람(수니파, 93%)
위치	아프리카대륙 북동부	기후	건조기후
인구	약 1,233만 명	화폐	이집트 파운드(£E)
민족	아랍인(98%), 베드윈, 누비아인	1인당 GDP	3,047 $ (IMF 2019년 기준)

1 가장 오랜 문명의 역사를 가진 나라

이집트의 정식 국명은 이집트아랍공화국(The Arab Republic of Egypt)이며, 사하라 사막 안에 놓여 있다. 북쪽으로는 지중해를, 남쪽으로는 수단, 서쪽으로는 리비아, 동쪽으로는 이스라엘과 아카바만(the Gulf of Aqaba)과 홍해를 접한다. 이집트는 세계에서 가장 오랜 문명의 역사를 가진 나라 가운데 하나이다. 이집트를 남북으로 가로지르는 나일강은 그들의 역사와 문화, 그리고 지금의 생활을 뒷받침하고 있다. 이집트는 나일강 유역의 비옥한 땅과 주변의 척박한 땅으로 구분되는데, 이에 따라 도시의 구조와 문화도 다르게 발전되었다.

5,000년에 걸친 이집트 역사에는 시대에 따라 종교의 주류가 바뀐다. 고대 이집트 시대는 고대 종교가 꽃을 피우고, 그레코로만 시대 말기에는 원시 기독교인 콥트교가 번영하였다. 그 후 아랍군에 의해 이슬람교가 전파되면서 이집트는 이슬람 국가가 되었고, 오늘날까지 이슬람교는 이집트의 국교로 내려오고 있다. 이집트는 오랜 역사의 전통에 따라 매우 강한 역사의식과 더불어 아랍지역의 지도국이라는 긍지를 가지고 있다. 외부 문화와 지속적인 접촉으로 타종교 및 외국인에 관대하고 낙천적이며 친절하다. 이슬람 종교를 기반으로 한 가부장 중심 사회이며, 이슬람법에 의해 일부다처제가 허용되는 국가이다. 하지만 일부다처제는 경제력이 관건이기 때문에 대부분 1명의 배우자를 두고 있으며, 주로 부계 4촌 이내와 결혼하는 것이 일반적이다. 통상적인 생활은 양력을 따르나, 이슬람 관습에

▲ 피라미드

따라 금요일이 휴일이다. 교통질서가 문란하고 안전의식이 낮아 교통사고가 자주 발생한다. 관공서나 공공기관은 오전 8시부터 오후 2시까지 업무를 한다. 따라서 퇴근 후에 점심을 먹고 낮잠을 잔 후 저녁에는 산책을 하거나 쇼핑을 하고 저녁식사는 9시가 넘어서 한다.

2 나일강의 기적을 이룬 문화 특성

지금부터 6,000년 전 이집트는 상하 이집트로 나뉘었는데, 북쪽으로 나일강이 여러 분기로 뻗으면서 나일 삼각주를 형성한 하 이집트와 남쪽으로는 스웨넷으로 뻗쳐 있는 상 이집트가 있었다. 상하 이집트는 서로 말하는 방언과 의상도 다르고, 주민의 생업 정치, 종교, 문화의 정서에 따라 큰 차이가 있었고 그 차이는 현재까지도 이어지고 있다. 상하 이집트 두 왕국은 기원전 3,000년쯤에 최초의 파라오인 제1왕조의 메네스 왕에 의해 통일되었으며, 제3왕조의 조세르 왕은 사카라 지역에 최초의 계단식 피라미드를 건축했다.

이후 수천 년의 왕국시대를 거치면서 나일 강과 홍해 사이에 운하가 건설되었고, 특히 이집트와 그리스 사이에 교역이 발달하였다. 이후 많은 그리스인들이 상인으로서, 왕가의 용병으로서 이집트에 정착하기 시작했다. 알렉산더 대왕은 이집트를 정복하여 알렉산드리아에 새로운 수도를 건설했고, 이후 프톨레마이오스 장군이 새 왕조를 열면서 헬레니즘 문명의 중심지가 된다. 기원전 30년에는 로마 황제 옥타비아누스가 이집트 여왕 클레오파트라의 연합군을 물리쳐 이집트를 로마의 속국으로 합병했다. 이때 기독교가 유입으로 콥틱교가 유행하고 전통 종교가 몰락하게 된다.

640년에는 이슬람군이 이집트를 정복하면서 이슬람 총독이 이집트를 지배하게 되었고, 이 기간 중 많은 콥틱 교도들이 이슬람교로 개종하고 아랍어를 사용하게 된다.

1798년 나폴레옹이 이집트를 정복한 후, 1801년까지 프랑스를 지배를 받게 되었고, 이후 1822년 영국에 점령당하고 1914년 영국 보호령이 되었다가 1922년 영국으로부터 독립을 쟁취하고 입헌군주국이 된다. 1952년 쿠데타로 군주제가 폐지되고, 1956년 2,000년 만에 다시 이집트인에 의한 정부를 수립해 지금의 이집트아랍공화국이 되었다.

이집트의 기후는 대부분의 지역이 건조기후에 속한다. 북회귀선이 이집트의 남부를 지나고, 북부의 지중해연안은 대체로 북위 31°30′에 해당하기 때문이다. 나일강 계곡과 지중해연안의 좁은 해안지방을 제외하면 전국이 사막기후인 셈이다. 내륙으로 갈수록 건조가 심해지고 기온이 높아진다. 서부나 남부지방에서는 수년간 비가 오지 않은 지역도 있다. 지중해연안에서는 겨울에 약간의 비가 내리는 지중해성기후를 나타내며, 여름과 겨울의 두 계절로 나뉜다. 4~10월은 고온이며 공기가 건조한 하계(夏 季)이고, 11~3월의 동계(冬季)에는 낮에는 덥고 야간에는 서늘하다. 기온이 10~28℃ 사이로 일교차가 심하고 습도가 낮다.

화폐 단위는 이집트 파운드(E£, Egyptian Pound, LE)로, 1파운드(E£)는 100 피아스타(Piasters, Pt)이다. 환율은 1파운드(E£) 당 약 179.52원이며, 1달러당 6 파운드(E£)이내로 환율을 정부가 규제 관리하기 때문에 큰 변동이 없다. 물가는 우리나라에 비교하면 절반 정도 수준이지만, 외국인 관광객에는 현지인 보다 비싸게 받는 경우가 많다. 특히 박물관 또는 관광객이 이용하는 관광명소 입장료는 매우 비싸게 책정되어 있다.

참고

▶이집트 신화 

고대 이집트는 로마나 아라비아인들에 의해 정복당하여 멸망하였지만, 피라미드나 신전(神殿)과 같은 많은 유적이 남아 있는데, 이것들은 예로부터 종교와 관계있는 것으로 생각되어 왔다. 유적들에 대한 본격적 연구는 프랑스인 J. F. 샹폴리옹이 1822년 고대 이집트의 상형문자인 성각문자(聖刻文字)를 해독한데 이어, 그 후 각문(刻文)이나 파피루스 문서의 해독과 연구가 급속히 진전되었고, 그에 따라 고대 이집트인의 정신생활에 관해 상당히 자세한 것을 알게 되었다.

고대 이집트 신앙 중 가장 잘 알려져 있는 것은 사후(死後)세계에 관한 것인데, 그에 의하면 인간은 죽어도 혼(魂)은 죽지 않으며, 사후세계로 가거나 원래 육신으로 돌아오기도 한다고 한다. 죽은 사람의 육체는 미이라로 만들어 묘소에 모셔졌다. 혼이 사후세계로 가는 과정, 사자(死者)의 신(神) 오시리스 앞에서 선악 판정의 저울에 올려지는 과정은 '사자의 서(書)'라는 종교적 문서에 기록되어 오늘날까지 전해지고 있다.

▶상형문자 : 히에로글리프(Hieroglyph) 

고대 이집트의 상형문자로 가장 오래된 것은 나르메르왕의 화장판(化粧板)에 새겨진 왕의 이름으로 BC 3100년경 것이다. 히에로글리프는 한자의 해서체(楷 書體)에 해당되며, 그림 자체를 의미하는 표의문자(表意文字)에서 출발하였다.

그 후 단지 음을 나타내는 표음문자와 수식어가 고안되어 혼용되었다. 로마시대에 이르기까지 근 3,000여 년 동안 주로 왕의 업적, 신이나 사후 세계에 관한 문장을 신전이나 분묘 벽면, 기둥에 조각하는 데 사용하였다.

1822년 히에로글리프, 디모틱(민간에서 사용하던 흘림체), 그리스어로 각각 기록된 로제타 스톤을 프랑스 언어학자 샹폴리옹이 처음 읽어 냄으로써 비로소 해독되기 시작했다.

3 대표도시

1) 카이로(Cairo)

카이로는 아랍어로 '승리'를 뜻하며, 아프리카에서 손꼽히는 큰 도시이자 6,000년 이상 역사와 이집트 문명의 수도로 오랫동안 큰 역할을 하였다. 이집트 문화 중심권에서 카이로는 미스르(Misr)라는 아랍이름으로 불린다. 카이로는 전통과 동서의 영향, 고대와 현대가 잘 조화된 도시이다. 그러나 늘어만 가는 이집트의 가난과 급격한 인구팽창으로 인한 문제가 대두되고 많은 사회기반 시설들이 쇠락하였다. 이슬람 도시 카이로를 중심으로 기자 피라미드와 멤피스 지역은 1979년 유네스코 세계문화유산으로 지정되었다.

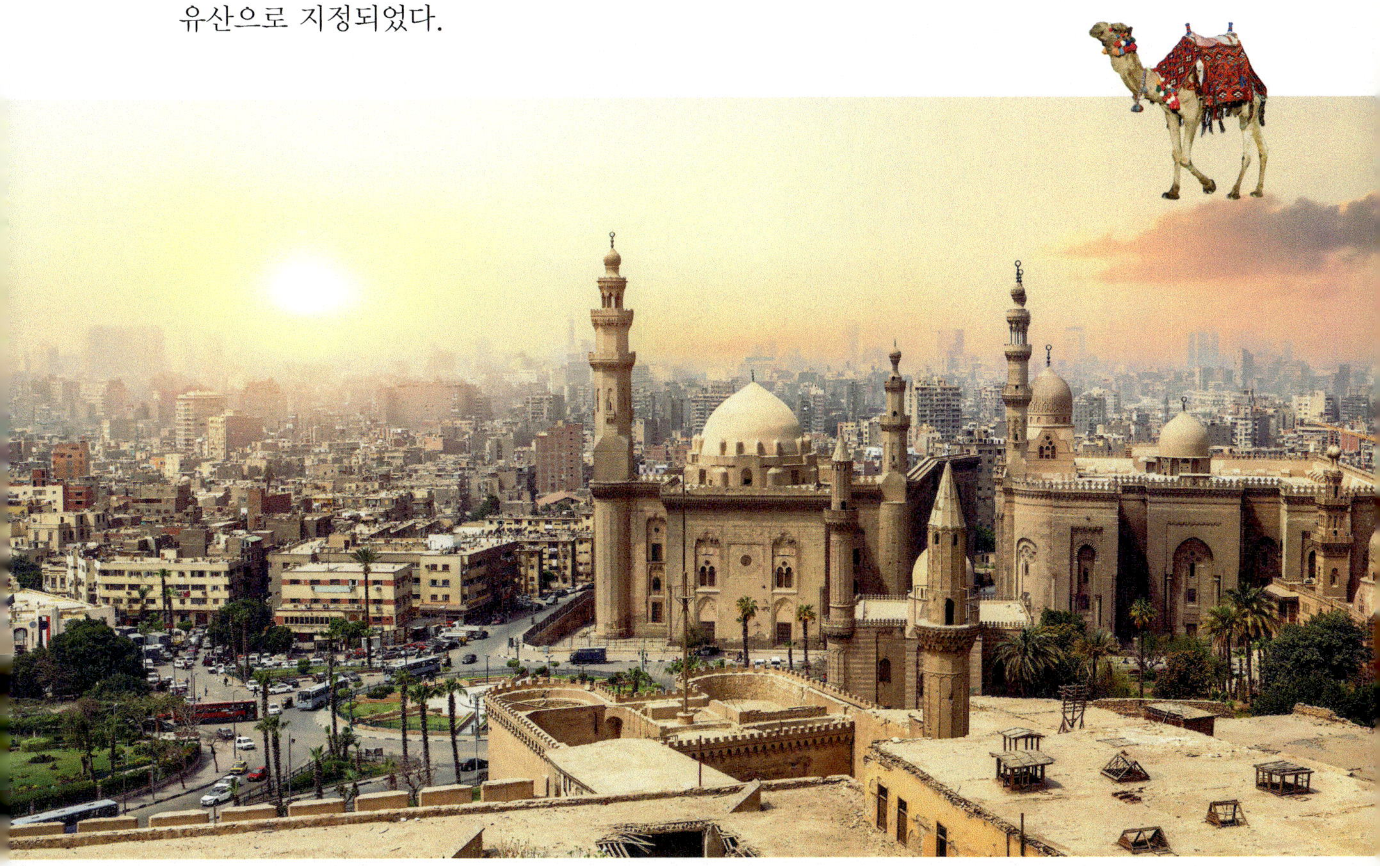

▲ 이슬람 사원

참고 : 피라미드와 스핑크스

고대 이집트인들은 인간이 영혼과 육체로 구성되어 있다는 생각을 했고 죽음은 이것이 분리되는 것이라는 인식을 갖고 있었다. 그래서 시신이 소멸되지 않으면 저승에서 영생한다는 의식을 갖게 되어 파라오나 왕족 등 특권층의 경우는 시신을 미라로 처리하고, 이를 보관하는 장소로 피라미드를 조성했다. 가장 오랜 피라미드는 제 3왕조의 제세르 왕이 사키라에 계단 형태로 조성한 것이며 이후 제5왕조까지 붐을 이루었다.

파라오는 즉위하면서부터 자신의 사후 궁전이라고 생각한 피라미드를 준비했으며 그 규모 역시 경쟁하듯 커져갔다. 제1피라미드라고 불리는 기자의 쿠푸왕의 피라미드는 연 10만 명의 인력이 10년에 걸쳐 평균 2.5t의 돌 230만 개를 이용해서 만든 인류 역사상 최대의 석조 건축물이다. 피라미드는 석재의 이동, 건축 방식의 정교함부터 많은 것이 불가사의로 남아 스핑크스, 파라오와 더불어 이집트의 아이콘이 되었다.

피라미드는 이집트만이 아니라 여러 지역에서 건축되었다. 에티오피아와 수단, 중국의 함양, 보스니아, 남미의 멕시코, 페루 등에서 발견되며 이집트의 피라미드보다 거대한 규모의 것도 있다. 남미에서 발견된 태양의 신전, 달의 신전 등은 계단 형태를 보이며 정상에 신전이 있는 것으로 보아 신전의 기능이었던 것으로 추정된다.

스핑크스는 길이 70m, 높이 20m, 얼굴 크기가 4m이 이르는 석조 상징물이다. 그리스어로 '교살자'라는 의미이며, 이집트어로는 '살아있는 형상'이라는 의미이다. 사자의 앞부분, 황소의 뒷부분과 독수리의 날개와 인간의 머리로 구성된 신화 속의 동물을 형상화한 것으로 피라미드의 수호자 역할을 하고 있는데 앞 다리에 석비를 새겨 넣었다.

2) 룩소(Luxor)

카이로의 남쪽에 위치한 룩소는 카이로에서 비행기로 2시간, 열차로는 12시간 정도 소요되는 먼 도시이다. 룩소는 고대 왕국의 수도 테베의 일부로, 전성기였던 BC 1500경에는 인구가 1천만 명이 넘는 대도시였다. 룩소는 셀 수 없을 정도로 많은 유적들이 있는 도시로, 나일강 동편과 서편에 많은 유적들이 산재하여 있다. 강 동편에는 카르낙 신전과 룩소 신전, 룩소 박물관이 있고, 강 서편에 왕가의 계곡이 있다. 고대 테베 유적은 1979년 유네스코 세계문화유산으로 지정되었다.

▲ 카르나크 사원

▲ 카르나크 사원

3) 아부심벨(Abu Simbel)

아부심벨은 아스완 남쪽 250㎞ 지점에 위치한 암굴신전으로 제19왕조의 람세스 2세가 건설하였다. 람세스 2세는 제18왕조 말기인 BC 1303년 이집트 귀족 아들로 태어났다. 그의 할아버지 프라메스는 BC 1295년경 당시 왕이 후사 없이 죽자 '람세스 1세'라는 칭호로 새 왕조인 제19왕조를 건설하였다. 람세스 1세는 1년 4개월 동안 통치하였고 그의 아들 세티 1세가 왕위를 계승하였다. 이후 BC 1279년 세티 1세가 50세 나이로 죽자 람세스 2세가' 우세르-마아트-라'라는 왕명으로 24세에 왕위에 올랐다. 즉위 후 총 66년 동안 통치하면서 모두 90명의 자녀를 두었으며 북쪽 나일강 삼각주에 있는 타니스로부터 남쪽 누비아 지방의 아부심벨에 이르기까지 이집트 전역에 걸쳐 방대한 도시들과 기념물을 건립하였다. 그는 구역성서에 나오는 히브리인들의 이집트 탈출 당시(BC 13세기)의 파라오로서 모세와 대결한 인물로 알려져 있다. 아부심벨 신전에는 왕 자신을 위한 대신전과 왕비였던 네페르타리(Nefertari)를 위한 소신전이 있다. 신전의 가장 깊숙한 곳에 위치한 성소에는 아문-라, 라-라크테, 프타 그리고 람세스의 석상이 있다. 람세스 2세가 이러한 거대한 규모의 신전을 건립한 이유는 남쪽으로 이어지는 누비아, 즉 금, 상아, 노예 등이 풍부했던 지역의 정복과 관련이 있다. 1960년대 아스완 댐 완공으로 수몰위기에 처했을 때 유네스코에서 문화재 이전공사를 시행하여 이 신전을 60m 높은 곳으로 이전시켰다. 아부심벨 신전은 1979년 유네스코 세계문화유산으로 지정되었다.

4) 수에즈 운하(Suez Canal)

수에즈 운하는 지중해와 홍해를 잇는 수에즈~포트사이드 사이를 뚫은 운하로, 유라시아의 해상실크로드를 연결하고 거리를 단축하는데 있어 매우 중요한 의미를 갖는다. 즉, 기존에는 아프리카 대륙을 우회하여 교역을 했지만, 곧바로 아시아와 유럽과의 연결 통로를 확보한 셈이다. 운하는 총길이 195㎞, 수면 너비는 365m, 수심은 약 20m로, 35피트까지의 배들이 항해 가능하다.

3 매너 및 예절

이집트는 전통적인 이집트문화와 이슬람문화가 조화된 문화이다. 처음 인사 시에는 이슬람식 인사를 주로 하나, 단 콥트(Copt) 교도에게는 사용하지 않도록 주의해야 한다. 동성끼리는 인사 시 소리를 내며 두 번 볼 키스를 하고, 친한 사이에는 4번을 한다. 특히 이집트에서는 알라 이외에 머리를 숙이지 않는 것이 종교적 관례이므로 악수 후 머리를 숙이지 않는 것이 좋다.

일반적으로 남성은 결혼해서 살 집을 준비해야 하며 여성은 정절을 지켜야 한다는 관념이 있다. 사회적인 결함이 없는 한 성인은 결혼을 통해 자손을 출산, 양육해야 한다는 사고를 갖고 있다. 이집트인들은 가정으로 초대하기를 좋아하는데, 가정을 방문할 때는 캔디나 케이크 등을 선물하는 것이 무난하며, 병환 중이거나 결혼을 하는 경우가 아니면 꽃을 선물하는 것은 결례이다. 저녁은 가족과 하는 것이 관습이므로, 점심 초대를 하는 경우가 많고 점심은 오후 2~4시 사이에 먹는다. 가정을 방문해서 어떤 물건에 대해 세 번 이상 칭찬하는 것은 그 물건을 달라는 뜻으로 받아들여질 수 있기 때문에 주의해야 한다. 또한 부인에 대하여 '아름답습니다.'라는 칭찬은 그 부인을 갖고 싶다는 의미로 받아들이므로 주의해야 한다.

이집트에서는 다른 중동 국가와 달리 전통복장을 입는 경우가 드물며 정장을 선호한다. 하지만 업무를 볼 때는 고위직을 제외하고는 캐주얼한 노타이 복장을 하는 것이 일반적이다. 비즈니스에 있어서는 상대와 친해지기 전까지는 비즈니스를 생각하지 않는다. 비즈니스의 프레젠테이션이나 초대에 있어서는 정식 초대장을 발송한다. 이때 초대를 받으면 최상의 예의로 감사를 표하고 간단한 선물을 준비하는 것이 좋은데, 화려한 보석, 인삼 등을 선물 받는 것을 좋아한다. 상대가 차, 청량음료를 제공할 때 거절하는 것은 큰 결례이다. 상대의 코앞까지 얼굴을 바짝 붙이고 대화한다.

▶ 훔무스, 팔라펠

이집트는 이슬람 문화권으로 돼지고기, 술, 할랄식으로 도축되지 않은 고기를 경계하며 식사 시 오른손만 사용한다. 식사 시에는 가벼운 주제로 대화를 나누다가 사업에 관련된 중요한 이야기로 넘어가는 것이 좋고, 이슬람교를 비난하는 언행이나 이슬람 외의 타종교를 선교하는 행위는 피해야 한다. 또한 국내 정세나 중동의 정세와 관련한 화제의 언급은 주의해야 한다. 이슬람 문화권의 특성상 여성과 단둘이 식사를 하거나 이야기하는 것을 주의해야 한다. 대화 내용이 불순할 경우 경찰이 출동한다. 이집트를 여행하는 외국인 여성 관광객도 현란하거나 노출이 심한 복장은 삼간다. 남성의 경우 지하철의 여성 전용 칸에 타거나 버스 기사 뒷좌석인 여성 전용석에 앉지 않도록 한다.

공중화장실은 유료이며 휴지가 비치되지 않으므로 준비해야 한다. 관광이 주요산업인 관계로 관광경찰이 있으며, 이슬람권에 드문 맥도널드가 있다. 'No hassel'은 구경만 해도 무방하다는 의미이다. 지역이나 개인에 따라서는 과격한 무슬림들이 있어서 외국인 커플이 공공장소에서 키스를 하다 칼에 찔리는 사건이 발생한 적도 있으니 주의하도록 한다. 신분증에 종교를 표시하게 하며 기독교인의 취업을 제한한다. 드라마와 한국 기업의 활발한 진출로 한류가 일어, 남자친구에게 오빠라는 호칭이 유행할 정도로 한국어 학습 열기가 높다. 징병제를 시행하며 12~36개월로 개인에 따라 복무 기간이 다르다. 일반적으로 대학 졸업자는 1년, 고졸자는 2년을 복무한다.

TIP 여행시 주의해야 할 작은 상식

- 이집트의 숙박시설은 값싼 여인숙에서부터 비싼 고급호텔까지 다양하다. 하지만 치안과 위생상태가 좋지 못하기 때문에 가능하면 호텔에서 묵는 것이 좋으며, 호텔도 등급이 높은 곳이 안전하다. 호텔은 대부분 현금으로 지불하지만 신용카드 사용도 가능하다. 호텔 숙박료는 성수기와 비수기 때에 상당한 가격 차이를 보이며 외국인 요금과 이집트 요금이 다른 가격제로 되어 있다.
- 관광객 보호정책을 시행하고 관광경찰이 있으므로 관광객을 대상으로 한 범죄는 적으나 시나이 반도의 휴양지나 카이로 시내에 폭탄 테러가 발생한다.
- 교통사고가 발생하면 보상이나 의료 서비스를 기대할 수 없으므로, 여행자보험에 가입해야 한다.
- 이집트는 개방된 이슬람국가이지만 지방에서는 아직까지 많은 여성들이 히잡(Hijab)을 사용하고, 얼굴을 감추고 몸의 노출을 꺼리는 실정임을 감안하며, 사진 촬영은 주의를 하는 게 좋다.
- 이슬람교를 비난하는 행동이나 언사를 피한다.
- 이슬람교 여성과는 단둘이 대화를 자제하는 편이 좋다.
- 날고기나 돼지고기를 공공장소에서 먹으면 안 된다.
- 이슬람교의 금식기간인 라마단 기간(약 1개월)중에는 외국인도 낮에는 공공장소에서의 흡연, 식음 등을 삼가 하는 것이 좋다.
- 일단 기본적으로 외국이라면 바가지를 씌우므로, 주의를 한다.
- 간단한 아랍어 표현과 숫자표현은 익히고 가면 유용하게 쓰인다. 특히 아랍어 숫자는 간단하니 꼭 외우는 것이 좋다.

사례연구 난민 문제, 세계 이슈의 중심에 서다...

세계적으로 난민의 문제가 뜨겁다. 우리나라도 예멘과 이집트에서 난민 신청이 줄을 잇고 있다. 얼마 전 2011년 3월 시작된 시리아 내전을 다룬 다큐멘터리 영화인 '사마에게'가 개봉했다. 내전 당시 시리아 대도시 알포레를 배경으로 전쟁 속에서 일상을 산 사람들의 이야기이다.

2019년 유니세프의 자료에 따르면 시리아 내전 발발 8년 만에 이 지역에서 인도적 지원이 필요한 인구는 1,310만 명이고, 이중 43%인 560만 명이 어린이라고 하였다. 또한 250만 명 이상의 어린이들이 이집트와 이라크 등지에서 난민으로 살아간다고 한다.

이에 많은 사람들이 정치적 억압이나 전쟁을 피해 다른 나라로 가 난민신청을 하고 있다. 물론 모든 난민이 받아들여지지는 않지만, 프랑스, 영국과 같은 유럽의 국가들에서 많은 난민이 새 삶을 얻었다. 하지만 이들 국가에서 이 무슬림 난민들에 의해 끊임없이 많은 사건과 테러가 발생하면서, 독일은 국경을 통제하며 난민의 입국을 거부하게 되었다.

한국에서도 이슬람 난민에 대한 찬반이 뜨겁다. 2018년 500명이 넘는 예멘인들이 제주도로 입국해 난민 신청을 하면서 큰 이슈를 일으켰다. 특히 예멘인들의 입국에 내국인 브로커가 개입돼 있다는 가짜 난민 여부가 쟁점이 되면서, 국민청원 게시판에는 '난민 신청 허가 폐지' 청원이 올라와 청와대 답변 필요 수인 20만 명을 훌쩍 넘어선 70만 명의 동의를 얻기도 했다.

실제로 2016년 경북 경주에서는 이집트 난민이 금은방에 시계 수리를 맡기는 척하면서 주인의 목부위를 흉기로 찔러 사망한 사건이 있었다. 또한 2019년에는 법원이 이집트와 미국 정부가 테러조직으로 분류한 무슬림형제단의 중간 지도자급으로 활동했던 이집트인을 난민으로 인정하면서 논란이 되고 있다. 무슬림형제단은 이집트 내에서 각종 테러 사건을 주도하며 군부에 맞서고 있어, 법원은 이집트로 돌아갈 경우 체포되거나 구금될 수 있다고 밝혔다.

- 하지만, 난민 수용을 찬성하는 측은 "난민 반대는 인도주의를 저버리는 행위이며, 인종차별에 해당된다"고 주장한다. 또한 중동지역의 난민이라고 해서 이들을 "위장 난민자"나 "잠재적 범죄자"로 취급해서는 안되며, 오히려 미디어가 이들에 대한 대중의 공포를 부채질 하는 것을 멈춰야 한다고 한다.

(참조 : 인사이트, 2018.07.10. "예멘 이어 이집트 난민 온다.. 난민 신청자 바글거리는 인천공항 상황" https://www.insight.co.kr/news/165483)

함께 생각해 봅시다

예멘, 이집트 등 다양한 무슬림 국가들에서 난민신청이 줄을 잇고 있다. 다양한 국가들이 이 난민의 수용에 있어 서로 다른 입장을 보이고 있다. 그렇다면 난민은 한 국가의 정치적 원인으로 발생한 피해자이므로 온 세계가 한마음으로 인도주의적 차원에서 포용해야 하는지, 자국민의 정서 등을 고려해 나라별 상황에 맞게 결정해야 하는지 논의해보자.

"난민은 인도주의적 관점에서 세계가 한마음으로 포용해야 한다.

vs

나라별 상황과 자국민의 정서와 안전을 고려해 결정해야 한다."

참고문헌

- F.G. 클라크, 1995, 호주의 역사 : 유형지에서 공화국 전야까지, 나남출판.
- JTB 출판사업국 지음, 이규원 옮김, 2003, 싱가포르, 한길사.
- Lonely Planet, http://www.lonelyplanet.com
- Turkeypa, http://www.turkeypa.com
- 공상철 외 4명, 2001, 중국 중국인 그리고 중국문화, 다락원.
- 구견서, 2000, 현대 일본 문화론, 시사일본어사.
- 구본호, 1991, 중국 북경 · 상해 · 강남 · 광동, 민서출판사.
- 권삼윤, 2002, 유네스코 지정 세계문화유산(1), 청아출판.
- 김병문 · 김현지, 2003, 국제관광론, 백산출판사.
- 김병문 · 전송림 · 장삼환 · 임철호, 1996, 중국관광지리, 백산출판사.
- 김선겸, 2001, Europe In My Pocket, 열린세상.
- 김선희 · 김영성 · 노봉옥 · 이혁진, 1999, 관광과 세계의 이해, 백산출판사.
- 김성건, 1997, 싱가포르의 사회와 문화, 문경출판사.
- 김성길, 1996, 자연으로 가는 마지막 비상구, 넥서스.
- 김시완, 2003, (가자, 세계로) 뉴질랜드, 서울문화사.
- 김안나, 2001, (천국과 지옥이 이웃한 땅) 멕시코, 가람기획.
- 김영애, 1986, 태국사, 관악서당.
- 김영웅, 1997, 배낭여행 실험여행 : 세상의 모든 여행자들, 크라운출판사.
- 김원, 1999, 독일 문화의 이해, 부산외국어대학교 출판부.
- 김은경, 1997, 호주와 이웃하기, 송림출판.
- 김인규, 1997, 브라질 문화의 틈새, 다다미디어.
- 김진웅 · 손영호 · 정성화, 1994, 서양사의 이해, 학지사.
- 김추찬, 1999, (소아시아) 터키 : 성지순례가이드, 옥합.
- 김형식, 1997, 호주의 사회와 문화, 지구문화사.
- 김형준, 1998, 이야기 인도사, 청아출판사.
- 김홍구, 1998, 태국학 입문, 한국외국어대학교 출판부.
- 김홍운, 1994, 세계관광지리, 형설출판사.
- 김홍현, 2000, 나는 왜 독일을 선택했나?, 가람기획.
- 김홍현, 2000, 독일인과 한국인의 궁합, 가람기획.

▶ 나한성, 1995, 지구촌 배낭여행 일본, 동아일보사.
▶ 노시경, 1996, 우리는 지금 베트남, 캄보디아, 라오스로 간다, 민서출판사.
▶ 뉴질랜드관광청, http://www.newzealand.c
▶ 대한항공, http://kr.koreanair.com
▶ 島平和文化センター, http://www.pcf.city.hiroshima.jp/hpcf/index.cgi
▶ 독일관광청, http://www.germany-tourism.de
▶ 독일국가개황, http://segero.hufs.ac.kr/eu/germanprofile.htm
▶ 독일문화와 사회, http://altair.chonnam.ac.kr/~sunim/kultur/Kap2.htm
▶ 독일문화원, http://www.goethe.de/ins/kr/seo/deindex.htm
▶ 동아출판사, 1983, 호주 : 남태평양 = Australia;South Pacific.
▶ 동아출판사, 1991, 동아 월드투어가이드 타이 동남아시아.
▶ 동아출판사, 1991, 오스트레일리아 · 뉴질랜드= Australia.New Zealand.
▶ 동아출판사, 1991, 이탈리아, 그리스 = Italia, Greece.
▶ 동아출판사, 원더풀 월드 10 인도 · 이스라엘 · 중동편.
▶ 두산세계대백과 엔사이버, http://www.encyber.com
▶ 루프트한자항공, www.lufthansa-korea.com
▶ 멕시코관광청, http://www.mexico-travel.com/
▶ 명문여행, http://www.mtravel.co.kr
▶ 모두투어, http://www.modetour.co.kr
▶ 민서출판사, 1991, 유럽 9개국 : Italy, France, Great Britain, Spain, Swiss, Nethlands, Germany, Austria, Belgium.
▶ 박권상, 1990, 영국을 본다, 원음사.
▶ 박정의, 2001, 일본의 생활과 문화, J&C.
▶ 박화진 · 김병두, 2001, 일본문화 속으로, 일본어뱅크.
▶ 박희라, 2003, (가자, 세계로) 멕시코, 서울문화사.
▶ 백종국, 2000, 멕시코 혁명사, 한길사.
▶ 베트남관광청, http://www.vietnamtourism.com
▶ 베트남항공, http://www.vietnamairlines.co.kr/
▶ 브라질대사관 http://www.mofat.go.kr/
▶ 森山俊幸 저, 이응진 역, 1999, 일본어와 일본관광, 일신사.
▶ 삼성인쇄, 1994, 세계를 간다 프랑스 편.
▶ 삼성출판사, 1996, 호주 = Australia.
▶ 서울대학교 독일학 연구소, 2000, 독일이야기2 - 독일의 일상 편 : 축제, 거름.
▶ 서울문화사, 1997, 태국 = Thailand.
▶ 서태양, 1999, 문화관광론, 대왕사.

▶ 세계로 가는 기차, 1994, (우리는 지금) 동남아시아로 간다, 민서출판사.
▶ 세계유산, http://www.ocp.go.kr/l_treasure/wor_690_09.html
▶ 小堺吉光, 1995, ヒロシマ讀本, 島平和文化センター.
▶ 손주영, 2002, (한 권으로 보는) 이집트 역사 100장면 : 나일 문명의 태동에서, 가람기획.
▶ 손효원, 1996, 태국에서 싱가포르까지, 학생여행문화센터.
▶ 수팟뜨라 수팝 지음, 황규희 옮김, 2000, 태국 사회와 문화, 부산외국어대학교 출판부.
▶ 시오노 나나미, 1995~2005, 로마인 이야기, 한길사.
▶ 시오노 나나미, 2005, 이탈리아에서 온 편지, 한길사.
▶ 신발끈 여행사, http://www.shoestring.co.kr
▶ 심성근, 2001, 태국생활, 이것을 알리고 싶다, 뿌리출판사.
▶ 싱가포르 관광청, http://www.visitsingapore.or.kr
▶ 싱가포르 관련 사이트, http://www.centerworld.com/univ/country/asia/singapore.htm
▶ 싱가포르 항공사, http://www.singaporeair.com
▶ 아시아나항공, http://www.flyasiana.com
▶ 안민기 · 홍원겸 · 이현숙, 2000, 태국북부 캄보디아 라오스 = Northern Thailand Laos · Cambodia, 김영사.
▶ 안종수, 1999, 세계관광, 백산출판사.
▶ 안종수, 1999, 세계관광, 백산출판사.
▶ 야후백과사전, http://kr.dic.yahoo.com/search/enc/
▶ 에어뉴질랜드, http://www.airnewzealand.co.kr
▶ 에어인디아, http://www.airindia.co.kr
▶ 에어프랑스, http://www.airfrance.co.kr
▶ 여행신문, http://www.traveltimes.co.kr
▶ 영국관광청, 1991, 영국의 4계절, 영국관광청 서울사무소.
▶ 영국관광청, http://www.visitbritain.org
▶ 오렌지월드투어, http://chinatour.co.kr
▶ 오리엔트타이항공, http://www.orient-thai.net
▶ 오스트레일리아관광청, http://www.eaustralia.or.kr
▶ 오영석, 1996, 동아월드투어가이드 일본, 동아출판사.
▶ 와우인디아, http://www.wowindia.co.kr
▶ 요시무라 사쿠지, 2002, (고고학자와 함께 하는) 이집트 역사기행, 서해문집.
▶ 원융희, 1999, 관광과 문화, 학문사.
▶ 웰컴투인디아, http://www.tourindia.com/htm/homepage.htm
▶ 유레일코리아, http://www.gta.co.kr
▶ 유시민, 1997, 유시민과 함께 읽는 유럽 문화 이야기, 푸른나무.

▶ 유시민, 1999, (유시민과 함께 읽는) 뉴질랜드 문화이야기, 푸른나무.
▶ 유시민, 1999, (유시민과 함께 읽는) 신대륙문화이야기 : 미국、호주、뉴질랜드, 푸른나무.
▶ 유시민, 1999, (유시민과 함께 읽는) 호주문화이야기, 푸른나무.
▶ 유인선, 1998, 싱가포르 : 동남아의 선진 복지국가, 한국외국어대.
▶ 유진석, 2001, 中國이 몰려온다, 삼성경제연구소.
▶ 윤병국, 이승곤, 2004, 여행과 생활, 형설출판사.
▶ 윤형승, 1998, 뉴질랜드, 이제 워킹홀리데이로 간다, 지구.
▶ 이규철, 2000, 이집트 문화의 과거와 현재, PUFS.
▶ 이덕안, 2000, 지구촌 나들이-호주, 푸른길.
▶ 이동식, 1988, 천안문을 열고 보니, 창공사.
▶ 이문열, 1997, 이집트 문명탐험, 나남출판사.
▶ 이벤허, 1994, 중국인의 생활과 문화, 김영사.
▶ 이영진 · 권대웅, 1999, 문화와 관광, 학문사.
▶ 이운성, 1998, 터키에서 만난 동서문명 : 우리가족의 터키 여행기, 문덕사.
▶ 이원복, 1994, 먼나라 이웃나라 이탈리아 편, 고려원미디어.
▶ 이원복, 1999, 새 먼나라 이웃나라(일본편), 김영사.
▶ 이은구, 1997, 힌두교의 이해, 세창출판사.
▶ 이인택, 1998, 차이나 신드롬 속의 진짜 중국, 해냄출판사.
▶ 이인호, 2001, 이것이 중국이다, 아이필드.
▶ 이탈리아관광청, http://www.enit.or.kr
▶ 이혁진, 2005, 사진을 이용한 일본 히로시마의 관광지리적 이해, 사진지리, 15(1).
▶ 이희수, 1993, 터키사, 대학교과서 주식회사.
▶ 인도관광청, http://www.incredibleindia.co.kr
▶ 인도소풍, http://www.indiadream.net
▶ 일본 지역별 관광, http://www.japan815.com/haengjung.htm
▶ 일본국제관광진흥회, http://www.welcometojapan.or.kr
▶ 자유투어, http://www.freedom.co.kr
▶ 장문평, 1993, 멕시코 · 라틴아메리카, 동아출판사.
▶ 장범서, 2000, 현대중국의 생활문화, 한림대학교 아시아 문화연구소.
▶ 전경수 편역, 1994, 관광과 문화, 일신사.
▶ 전제국, 2002, 싱가포르, 봉명.
▶ 정규영, 2000, 이집트, 살아있는 오천년의 문명과 신비, 다빈치.
▶ 정승일 · 박태화 · 임영대, 1999, 아시아 ASIA, 교학연구사.
▶ 정청송, 1994, 이탈리아 전통요리, 문지사.
▶ 조명환, 2000, 문화관광론, 백산출판사.

▶ 조흥식, 2000, 프랑스문화이야기, 창작과 비평.
▶ 주영하, 2000, 중국 중국인 중국 음식, 책 세상.
▶ 주이집트대사관, http://www.mofat.go.kr/ek/ek_a004/ek_egeg/ek_02.jsp
▶ 주중국대한민국대사관, http://www.koreaemb.org.cn
▶ 중앙M&B, 1997, 세계를 간다 : 터키, 그리스, 에게 해.
▶ 중앙M&B, 2000, 세계를 간다.
▶ 중앙M&B, 2003, 뉴질랜드.
▶ 중앙일보사, 1989, 싱가포르. 말레이시아.
▶ 중앙일보사, 1994, World Tour Guide 세계를 간다 : 인도.
▶ 중앙일보사, 1997, 세계를 간다 : 태국.
▶ 중앙일보사, 2003, 세계를 간다 : 이집트 · 이스라엘.
▶ 중앙일보사, 2003, 세계를 간다 : 이탈리아.
▶ 찐원쉐(金文學), 2000, 한국인 중국인 일본인, 우석출판사.
▶ 차이나인코리아, http://www.chinainkorea.co.kr
▶ 콴타스항공, http://www.qantas.com.au/international/kr/index.html
▶ 타이항공, http://www.thaiair.co.kr
▶ 태국관광청, http://www.tatsel.or.kr
▶ 태즈마니아관광청, http://www.discovertasmania.com.au
▶ 터키관광청, http://www.home.turkey.or.jp/kr/menu.html
▶ 터키항공, http://www.turkishairlines.co.kr
▶ 파리관광청, http://www.parisinfo.com
▶ 표성흠, 1996, 우리는 지금 트로이로 간다, 대원미디어.
▶ 프랑스관광청, http://www.franceguide.com/prehome.asp
▶ 피부병을 치료하는 시바스 캉갈의 물고기 온천, http://www.turkeypeople.com/kangal.asp
▶ 하나투어, http://www.hanatour.co.kr
▶ 한국일보타임라이프북, 1988, 타임라이프북스편집부 브라질 = Brazil.
▶ 한국태국학회, 1998, 태국의 이해, 한국외국어대학교출판부.
▶ 한동만, 1996, 영국 그 나라를 알고 싶다, 서문당.
▶ 홍순도, 2002, 99색 99인의 중국&중국인, 예문.
▶ 홍우창, 1996, (우리는 지금) 뉴질랜드로 간다, 민서출판사.
▶ 홍윤기, 2001, 일본문화 백과, 서문당.

저자약력

- **이종원** 한양대학교 경영학 박사
  現 김포대학교 마케팅경영과 교수, 교육지원센터장
- **김남근** 세종대학교 조리외식경영학 박사
  現 김포대학교 호텔제과제빵과 교수
- **김미애** 충북대학교 영문학과 영문학박사
  現 김포대학교 항공관광경영과 교수
- **권용만** 삼성전자 게임팀 과장 및 한국콘텐츠진흥원 팀장
  現 김포대학교 부교수 前 가천대학교 부교수
- **박경북** 호서대학교 융합공학과 공학 박사
  現 김포대학교 보건행정과 교수, 환경보건연구소장, 김포발전연구원장
- **양태선** 서울시립대학교 토목공학과 졸업 공학 박사
  現 김포대학교 산업안전환경계열 교수
- **이경숙** 경기대학교 대학원 관광경영학 박사
  現 김포대학교 항공관광경영과 교수
- **오정아** 연세대학교 주거환경학과 이학 박사
  現 유한대학교 테크노산업디자인학과 인테리어디자인전공 교수
- **윤영집** 중국 산동대학교 경영, 인사조직관리 박사
  現 극동대학교 인재교육혁신원 연구교수

세계문화의 이해

발행일 | 2020년 3월 25일

발행인 | 모흥숙
발행처 | 도서출판 새로미

저자 | 이종원 · 김남근 · 김미애 · 권용만 · 박경북 · 양태선 · 이경숙 · 오정아 · 윤영집

주소 | 서울 용산구 한강대로 104 라길 3
전화 | 02)523-5903~4
팩스 | 02)2693-2437

E-mail | seromi@seromi.kr
Homepage | www.seromi.kr

ISBN | 978-89-6476-705-4
정가 | 17,000원

- 책의 일부 혹은 전체 내용을 무단 복사, 복제, 전제하는 것은 저작권법에 저촉됩니다.
- 낙장 및 파본은 구입처나 출판사로 문의 주시면 교환해 드리겠습니다.